コクヨの１分間プレゼンテーション

（日）下地宽也 著

贺小桃 译

说服别人只要三步

中国友谊出版公司

图书在版编目（CIP）数据

说服别人，只要三步 / (日)下地宽也著；贺小桃
译. -- 北京：中国友谊出版公司，2017.4（2017.11重印）
ISBN 978-7-5057-3988-8

Ⅰ.①说… Ⅱ.①下… ②贺… Ⅲ.①口才学—通俗
读物 Ⅳ.①H019-49

中国版本图书馆CIP数据核字（2017）第039086号

KOKUYO NO 1PUNKAN PRESENTATION
Copyright © 2011 Kanya Shimoji, KOKUYO FURNITURE Co., Ltd,
First published in Japan in 2011 by KADOKAWA CORPORATION,Tokyo.
Simplified Chinese translation rights arranged with KADOKAWA CORPORATION, Tokyo
through BARDON–CHINESE MEDIA AGENCY.

书名	说服别人，只要三步
作者	［日］下地宽也 著 贺小桃 译
出版	中国友谊出版公司
发行	中国友谊出版公司
经销	新华书店
印刷	河北鹏润印刷有限公司
规格	880×1230毫米 32开 6.25印张 180千字
版次	2017年4月第1版
印次	2017年11月第3次印刷
书号	ISBN 978-7-5057-3988-8
定价	36.80元
地址	北京市朝阳区西坝河南里17号楼
邮编	100028
电话	（010）64668676

如发现图书质量问题，可联系调换。质量投诉电话：010-82069336

目　录

序 章	这些点请一定要抓住！一分钟说服心得

开始一分钟说服前应该记住的说服小知识

2 学习掌握说服的讲话方式

发声方式及讲话方式

有效利用肢体动作

2 运用到时间较长的说服中吧

3 做一份好资料

商品开发部的小林，在会议上失败了！

这里是某大型家具杂货厂商总部7楼的董事会议室：

V形红木会议桌的两边，依次坐着10名公司董事。

为了敲定下期将要开发的新商品，大家正在各位董事面前进行着激烈的演讲⋯⋯

接下来要上场的是家庭室内装饰开发组的小林。

他前边那一组的策划方案看来是通过了，队员们从会议室出来时各个满面笑容。

这次的开发策划方案是全组成员花了三个月时间费尽心力设计出的新型收纳系统，28岁的小林被项目负责人指名代表团队在公司董事面前做这次策划方案的演讲。

同组的其他成员都站在会议室的另一边提心吊胆地等待着。

小林在投影仪上打开了要讲的PPT，同样内容的纸质资料也正在发给董事们。

擅长提意见的须藤董事坐在从后往前数的第二个位子上。

啊！这场面真是太令人紧张了！但只能硬着头皮开始讲⋯⋯

须藤董事面无表情地接过资料，哗啦哗啦地翻动着，好像在看里边的内容。

不经意间与坐在最里边的大森社长四目相对，小林本就紧张的心情更加紧张了。

"呃——那接下来就由我为大家介绍我们的收纳系统策划方案，嗯——这是我们组成员共同策划的一个迄今为止从未有过的新型收纳系统。"

"那个——这是我第一次站在这样的场合，还不是很习惯。不好意思，有点紧张了……"小林稍微瞟了眼各位董事的反应，感觉须藤董事微微皱起了眉头。

"那么，长话短说，首先我想讲一下我们市场调查的结果。那个——从用户的调查问卷结果中，我们发现了好多问题……"

董事们都在埋头看资料里密密麻麻的文字。

大概介绍完市场调研的内容后，小林看了眼手表。

天哪！已经过去了9分钟！！一共就给了15分钟的说明时间。

新策划方案的特征还什么都没讲呢！！

最终，小林的演讲以超过预定时间10分钟收尾。好在虽然时间超了点，但该讲的地方都讲了。

"那么，这个新商品策划的最大卖点是什么呢？"

须藤董事开口了。

咦？这个我刚刚不是讲过了嘛！须藤董事应该是没怎么听进去吧……

接下来的事情就不怎么记得了。

只记得董事们提出了很多小意见，在其他成员的帮助下，现场提出的问题倒是差不多都回答了。

最终，各位领导给出的结果是"重新完善策划方案"。经营企划部的野口部长满是安慰地拍了拍小林的肩膀。

"唉，这绝对是个史无前例的新创意啊，为什么大家就不能理解呢……"

小林同学，实在是有点遗憾啊。

在我工作的国誉公司里也经常能碰到类似这样的演讲。

刚一站到听众面前，紧张感就飙升，好不容易语无伦次地开始了，还没说到正题就用掉了多半的时间。于是开始担心可能没时间讲完自己想讲的内容，本就不安的心情会变得更加紧张，最终只能落个草草收场。

这样的演讲，看起来仿佛就像专门为听众不怀好意的质问（虽然听众本人并无此意）攻势而准备的诱饵似的。

你们当中是否也有人会有同感呢，"如果换成自己，也可能会变成这个样子吧"。演讲这件事就是这样，即便花了大量的时间准备，最终也可能还是做不好。

因此，就想把这本《说服别人，只要三步》推荐给大家，希望你们能练习和掌握里边讲到的方法。

时间再怎么短也会有一分钟，只要还有足够的时间讲完自己最想讲的内容，内心自然就会变得从容淡定一些。

在我个人看来，《说服别人，只要三步》中蕴含着说服别人的精髓。

事实上，国誉公司里也会让好多人研习《说服别人，只要三步》，认真学完并掌握要领之后，就可以自信面对任何人了。

那么，当大家掌握了一分钟演讲的要领之后，下次也可以试试这样说：

"能给我一分钟时间吗？只要一分钟就够了。"

这些点请一定要抓住！
一分钟说服心得

为了能在一分钟内讲完，最重要的是学会"压缩信息"

讲述一件事情的时候，别人会给你多长时间呢？应该是 15～30 分钟吧。

如果有人提出："能在一分钟之内把原本 30 分钟的最重要的关键点讲一下吗？"

这时候你会怎么回答呢？一般会出现以下两种反应：

①关键点太多了，一分钟可能讲不完……

②好的，没问题。我主要想讲的是××这几部分，理由是××……

那么，如果是你，你会表现出哪种反应呢？

而哪一种反应才能称得上是高手呢？

答案显然是②。因为这种人清楚地知道自己"该说什么，该传达什么"，也就是我们认为的"压缩信息能力"高超的人。

为了提高自己的演讲水平，掌握这种"压缩信息的能力"几乎是必须的。

如今的社会信息泛滥，说话的时候也同样会出现让信息就那么冗余繁杂地泛滥开来的情况。因此，如何将这些信息"整合起来简短阐述"是非常重要的。比如我们平时看到的 60 秒的广告，是不是感觉比较长？但事实上它只有"仅仅一分钟"的时间。因为它巧妙地"压缩"了信息，充分利用了这一分钟的时间，从而达到了传达信息的目的。

有时候，比起捡拾起该讲的内容，更重要的是**如何丢弃掉自己想讲的内容**。接下来，就让我们把这个技巧运用到沟通与说服中吧。

一分钟内，能让你掌握
"压缩信息的能力"

说话的时候，因为"表达的时间"有限，加之"对方理解的容纳箱"也没那么大，因而就非常有必要整理"哪些内容需要讲而哪些不用讲"。

3

其二

练习一分钟，可以提高说服水平

我们身边不乏想要提高说服水平的人。

但是将说服练习落实到平时生活中的人应该很少吧。

因此我提议将"说服练习"定为一分钟说服。

平时说话的时候可能有时是15分钟，有时是30分钟，但"练习"的话还**是集中在一分钟内进行吧。**

通过练习一分钟，可以帮助我们提高三方面的能力，这三方面的能力共同构成了"压缩信息的能力"。

它们分别是"取舍选择能力""句子组织能力"以及"关键词能力"。

只有一分钟时间的话，不管怎样都讲不了太久。也就意味着任何不需要的词汇都不能加进去，这样自然就可以提高以下三方面的能力。

①从无数想讲的内容中精选出该讲的内容的能力（取舍选择能力）。

②再怎么长的演讲，句子的构成也应该简单易懂，尽量能让人在一分钟之内理解讲话要点（句子组织能力）。

③因为时间很短，就有必要有意识地创造一些能留在听众内心的关键词（关键词能力）。

大声宣誓"我一定会把要讲的话都总结在一分钟之内"，先试着实践一下看看效果吧。

这个意识，将成为你提高说服水平的第一步。

学习构成"压缩信息的能力"的三个技巧

①取舍选择能力

把应该讲的内容精选一下的话。

②句子组织能力

简单点说

还是不清楚！

③关键词能力

精准！

说服前先"练习"六次

从我个人的经验来说，**说服练习至少要进行六次**。组织培训的时候也是一样，不管什么类型的人，只要重复六次就一定能进步。

并且请试着将这"**六次练习**"都在众人面前讲。

条件允许的话，推荐大家召集一些朋友组成一个5~6人的小组，彼此配合，**将每个人说话时的样子都录下来**。所有人都说完之后，大家一边看视频，一边点评和反馈对方说话时的闪光点和需要改进的地方。

说服的时候重要的一点就是，将"**说话的自己**"和"**对正在说话的自己进行客观审视的自己**"分开来进行思考。

也就是说，在说服的过程中要同时并行对应两件事情。整体感觉就是，一个自己要调整自己嘴里讲出来的句子的抑扬顿挫以及节奏，另一个自己要根据听众的反应准备接下来要讲的内容，这两个自己要分离开来。也许你会觉得"这么高难度的事情我做不到啊"。但事实上，**人只要不断练习，不知不觉中就会变得可以同时进行两件以上的事情**。

就拿开车来说，在考驾照之前，我们都会觉得怎么可能做到一边用眼睛确认安全，一边操作方向盘，同时还要在脚下控制油门和刹车，但是一旦开始练习驾驶，大家都轻而易举就做到了。

电脑打字时的盲打也同样，在大脑思考的同时，左手和右手自然就能做出不同的动作。

所以说，只要练习就一定会有进步，就会让很多事看起来好像"理所当然的感觉"，这种"理所当然的感觉"在演讲中也是同样适用的。

　　自己的样子呈现在视频中时，刚开始谁都会觉得"也太丢人了吧"，但是慢慢地就会从视频中发现自己的不足。而随着六次的重复练习之后，**就会渐渐察觉到在说话的过程中"正在审视另一个自己"**。

　　如果能到这一步，就太棒了，既可以察觉到沟通环境中的气氛，也能从容不迫地观察到听众的表情。是的，最重要的就是这份**"内心的从容"**。不管是什么样的场合，只要能足够从容，就离成功不远了。

　　一分钟说服就是能制造出这份"从容"的最合适的方法。

　　那么，在六次的练习中究竟是怎么进步的呢？下面我将结合之前的案例进行详细说明。

第一次
哎呀，完了！原来我的说话方式是这样的啊，声音跟我想的完全不一样！

第二次
果然还是不行，人家就是不擅长当众说话嘛！

第三次
讲话的过程中意识到自己的错误啦！

第四次
每次都会在这里失败啊！

第五次
好几个地方好像都有所改善了呀！

第六次
能够看到自己的强项和不足了！出现了能够观察自己的另一个我！

开始一分钟说服前应该
记住的说服小知识

①"2：6：2法则"：
你不可能让所有人都感动

"我们的新商品配备GPS功能，可以精确把握当前所在位置。"

"不用的部分可以切成小块保存起来，这是我们这款产品的新特征！"

听到这样的说明后，能有几成的人会感到很新奇呢？

经常使用GPS的人会觉得具备GPS功能完全是理所当然的事呀，也肯定会有人吐槽"没有用的部分显然会切成小块保存起来呀，这有什么好说的"。类似这样的例子数不胜数，事实上很少有人能让全场所有的听众感动。

一般情况下，在10个听众中，思维敏捷、反应快的有2人，反应一般的有6人，反应慢的有2人。

关于议论的内容，背景知识丰富的听众有2人，多少有点背景知识的有6人，完全不了解的有2人。

对于你说的话，能够积极倾听的有2人，中立考虑的有6人，满怀质疑的也有2人。

事实上，这就是沟通中"听众的比例"。

所以，一定要牢记，先要努力成为一个能说服"八成听众"的人。

2：6：2法则：
不能说服全部的听众也没关系

| 非常了解 | 一般 | 不怎么了解 |

| 反应快 | 一般 | 反应比较慢 |

| 充满好意 | 普通 | 满怀质疑 |

传达的内容有没有传达清楚并不
是非黑即白那么极端的！

大家有没有
听明白呢……

受众不是一个人，而是一个拥有不同背景的集团。

虽然平时评价一个人的沟通成果时常常会说"内容讲得很清楚"或"讲得不怎么样"，但事实上我们考虑的时候可以不用这么极端。"今天至少80%的人听明白了"，或是"今天可能只有20%的人听懂了啊"，尝试用这样的想法思考，可能就会从不必要的压力中解放出来，从而能更加冷静从容地一边打量对方的情况，一边组织语言了。

②"你属于哪种角色？"
从六个角色中重新认识说话时的注意点

由于工作的关系，我听过上千场演讲，听过各种各样的人在说话的时候使用说服技巧来传播自己的思想，我慢慢发现一个规律：不成功的原因也是有模式可循的，无外乎几种类型。

主要可以通过两个因素进行分类，一是"在众人面前讲话经验的多与少"，二是演讲者属于"右脑（感性）型人还是左脑（理论）型人"。

先从容易导致失败的六种角色及12个症状开始介绍。一旦事先知道了自己的缺点，下次你就会有意识地避免和改进了。

演讲中需要注意的六种角色

老实胆小型

这，这是我第一次演讲。

不善言谈型

光说不做型

这不就应该这样做吗！要我说多少遍才能明白呢？

毫不怯场的主持人型

简单来说就是……

居高临下型

呵呵，我年轻的时候……

一决胜负型

气势就是生命！

病例1

老实胆小型（年轻人居多）

性格 声音小，总觉得自己讲的话没什么意思，想到什么说什么。

病症及处方

一不小心就会说"我不太擅长说话"

总是在给自己找退路，比如"我真的不太擅长说话""因为不习惯这样的场合""因为准备不够充分""如我所言"等。失败时想找借口的心情完全可以理解，但是100%没有任何好处，所以这样的话能不说尽量还是不要说了。

讲话虎头蛇尾

听不到讲话的结尾，会让听的人感到很焦躁。

所以完整地讲到最后是非常重要的，即便说错了也没关系。

结束语讲得没底气，就仿佛在公然告知众人"我对自己没有信心"。

病例2

不善言谈型（技术型职业居多）

性格 大量使用专业术语，说话时身体晃来晃去。明明很有实力却没什么自信。擅长解答听众的质疑，但总是绕圈子。

病症及处方

话说太多

这个内容要讲吧，那个也应该讲讲啊！哎呀，好不容易有这个机会，还是都讲讲吧！于是就变成了一锅大杂烩。

听众永远只想听到演讲的重点。

想要详细说明的心情可以理解，但是一定要考虑到听众所能接受的程度。

完全依赖PPT

演讲＝做PPT资料，持有这样观点的人并不在少数。

首先事无巨细地准备好资料，然后再开始考虑怎么把这些内容讲出来，这样的做法本来就是本末倒置的。应该考虑的是如何把自己想讲的内容填充在资料中，重要的永远是"你讲的内容"，而不是你准备的资料。"一份很漂亮的提案书"，对于一个提案者来说，这可不是什么赞美的话，这点一定要谨记。

光说不做型（营销策划类从业者居多）

性格 喜欢用"应该怎样怎样……"这样的表达，喜欢外来语。讲话抽象，没有实例支撑。因为想讲很多内容，所以讲话非常快，总觉得听不懂是听众的问题。

病症及处方

"总结为三点就是……"病

"让我们简单总结为三点"，是一个能让讲话内容简单易懂的基本句型。

这样的表达确实可以有效浓缩内容，但有些人喜欢到处强调这一点。"重要的是以下三点，其中之一的重点有三个。为什么这么说呢，理由有三点。"

别到最后大家都在思考"到底有多少个重点"。

喜欢用外来语或专业术语，让听众一头雾水

"虽然如今的status（状态）下也有足够的scale merit（规模效益），但是如果以这个scheme（方案）screening（筛选）信息的话，scope（视野）就可以波及这里。"

习惯用外来语的话，总让人有种"连句完整的话也说不来"的感觉，而且如果对方理解不了的话就更是得不偿失了。

另外，对于一些自己使用的时候觉得理所当然的词汇，在面对听众说明时，也应该考虑是否在对方可理解的范畴之内。

毫不怯场的主持人型（行政工作者居多）

性格 说话很流畅但是没什么内容，总是抱有一种"我虽然会给你解释，但可能的话还是希望你去实践一下"的姿态。

病症及处方

爱说开场白，总想显示自己讲得多么浅显易懂

"简单来说就是……""总结起来就是……""归根到底我想讲的就是……""用最简单的一句话来讲就是……"等，像这样的为听众着想，想要简单表达的心情是非常重要的，但事实上真正容易理解的话，即使不说上边这些开场白，听众也能轻松理解。

陷入困境，不必要的话也反复强调

擅长说话的人会把重要的部分反复强调，但是讲不清楚的人常常会对不重要的内容也不断重复。

说话的时候一会儿讲东，一会儿讲西，总是陷入迷途。最终结果就是自己绕进去了，听众们却早已在出口召唤他"快点绕出来吧"。

病例5

居高临下型（董事阶层居多）

性格　说话时总是高高在上的感觉，经常跑题，讲话时间很长，讲话内容大多是经验之谈。

病症及处方

沉迷于自己过往的经历中不能自拔

"我年轻的时候，曾默默无闻了八年多，之所以能有今天这样的地位，是因为我总是把前辈们想的东西先行下手准备。"

"刚刚讲的那一段不错吧，再怎么说也是亲身体会过的经历嘛。说到这儿，顺便再给你们讲另一个故事吧！"

故事确实是个不错的故事，但这故事少说也讲了20遍了吧？迷恋自己也要有个度啊！

过度引用大家都知道的句子

"我们努力工作，就是为了让周围的人更轻松……"

"人这个字呢，它的构成就是两个人彼此扶持……"

有些话或故事第一次听时可能会让人眼前一亮，但是听多了只会让人昏昏欲睡。好句子好故事的引用必须恰到好处，不能把它设置为我们讲话的重点，当作调味料来使用就够了。

病例6

一决胜负型（多为销售人员）

性格　"我都做到这地步了。""请认可我的努力！""让我干什么都行，我都会做的。"相对来说比较会说话，但是内容散漫，自认为热情才是强项。

病症及处方

话题容易跑偏

"顺带讲讲这段应该也挺有意思的吧"，出现类似这样的离题内容，90%的谈话都会失败。

在众人面前说话时，常常会灵光一闪，脑海中浮现出一个比较有趣的话题。

"说到这儿呢，我想起了另一件事，曾经……"有人忍不住就会说出这样的话，出于服务精神增加话题，但事实上，听众并不想接受这种服务性的话题。

过于诚惶诚恐

"山下部长大人，这次您在百忙之中抽出宝贵的时间，实在感激不尽。"

"提出这样的要求真的万分抱歉，接下来能否再给我们一点点的时间讲讲敝公司的服务。"

虽然讲话者本人可能是想制造出一个容易亲近、非常恭敬的氛围，但是听的人会觉得明明不必要这么谦卑的，这样让人觉得好有距离感啊。所以，态度过于谦逊也是个问题。

总有人喜欢刻意给自己的语言中加入玩笑或幽默的成分

常有人觉得要是能在自己的话语中加入一些诙谐风趣的小幽默，或是一些能让人捧腹大笑的笑话该多好啊，于是便铆足了劲往里边加这样的内容。

听众听了自己的讲话后笑出声来，不仅可以缓解说话者的紧张之感，同时也会让说话的人觉得自己的话好像已经牢牢抓住了听众的心。

但是呢，这并不意味着加入幽默就一定是好事，而且，讲一些自己不熟的笑话是非常危险的。讲了笑话之后并没有得到你想要的气氛，其实是一件蛮尴尬的事情，更糟糕的是，有时候在一些情况下别人可能会觉得"这家伙开什么玩笑呢"，进而产生不信任之感。

因此，说话的时候没必要勉强加入一些幽默或玩笑。

但是可以多考虑一下自己的语言构成是不是太过死板无趣了，是否还有余地加入一些"娱乐内容"。

最好不要太过刻意地开玩笑哟!

在这一点上，重要的是你心里一定要清楚，我们不是为了娱乐而娱乐，而是根据当时的情况，为了让我们提案的内容以一种更有魅力的方式传达出去。

第 1 章

学习掌握一分钟说服

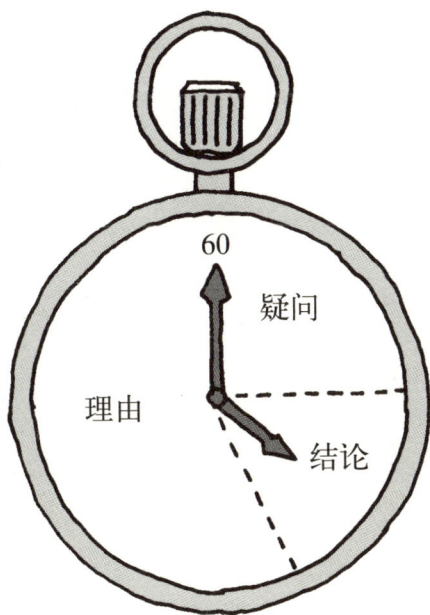

1 构建一个好的故事大纲

按照"故事大纲""讲话方式""资料制作"这样的顺序一步步提高说服能力

一般而言，我们要具备以下三项技能：

"故事大纲""讲话方式"和"资料制作"。

所谓"故事大纲"，指的就是对要讲的内容进行思考的能力，用电影术语来说就是电影的"剧本"。

"讲话方式"是指在现场加入姿势和动作，即能用抑扬顿挫的语调讲话的能力。用电影术语来说就是电影中的"演员"。

"资料制作"就是制作出在视觉上容易观看的资料的能力。用电影术语来说就是电影的"导演"。

这三项基本上属于不同类型的技能，所以在电影中一般由不同的人来担任。但是在一个演讲中，多数情况下这些都由一个人来完成。也就是像北野武先生那样既当导演又当编剧，同时还是演员，一人身兼三职的感觉。

同时，另一个比较常见的情况是，有人是先做好了资料之后才开始考虑怎么去讲。

但是，这种时候请认真思考一下，如果按照这样的顺序的话，不觉得反了吗？就好像先进行电影的导演和拍摄之后再开始考虑剧本，本来应该是先从剧本开始才对吧。"一分钟说服"也是这样，制作出准确合适的故事大纲之后，怎样将其恰如其分地讲出来，恰如其分地传达出去是非常重要的。资料本身可以看作是一个作为支撑的辅助性的角色。

演讲必备三技能的优先顺序

①首先考虑好"故事大纲"

要说点什么好呢……首先，开头的部分是……题目呢……

②掌握"讲话方式"

发声方式

目光

手势

动作

③最后制作资料

图表

饼状图

主题

题目

　　本书中我会先讲怎么构建"故事大纲"，之后对"讲话方式"进行说明，"资料制作"的方法会在掌握了这两项之后再进一步阐述。所以大家首先思考一下如何成为一个一分钟的脚本家。

一分钟分成三段！15秒钟："是什么呢？" 10秒钟："啊？！" 35秒钟："哦，原来如此啊！"

关于一分钟说服对方的故事大纲，首先我们把这一分钟分成三个模块来考虑。这三个模块分别是：

疑问	结论	理由

然后，我们给"疑问"这一模块15秒，给"结论"10秒，给"理由"35秒，按照这样的时间比例来分配。

平时的商业习惯中我们常常会被灌输要"先从结论开始讲"的观念，所以可能也有人会质疑"确定要先从疑问开始吗"。

但是在一分钟演讲的情况下，在"结论"之前先讲"疑问"是非常重要的。因为这样会更有说服力，而且会给听众更强烈的冲击，从而引起他们的兴趣。

> （15秒）疑问➡是什么呢（兴趣）"别说好像还真没这么想过呢……"
>
> （10秒）结论➡啊？！（惊讶）"什么？到底怎么回事呢？"
>
> （35秒）理由➡哦，原来如此！（认同）"确实如此，果然厉害，决定了！"

如果听众的想法能经历"是什么呢？"➡"啊？！"➡"哦，原来如此！"这样的一个变化，我们的演讲就可以称得上成功了吧。

一分钟分为三个模块

● 15秒：向听众提出"疑问"

大家知道成功说服别人的捷径是什么吗？

什么啊？什么啊？

提起兴趣

● 10秒：发送结论

其实只要练习"一分钟说服"就可以了。

啊？

惊讶

● 35秒：增加理由，说服听众

因为"一分钟说服"不仅可以在每天的工作中进行练习，而且能够集中训练演讲中比较重要的关键点。

原来如此！

认可

15秒 疑问篇

STEP-❶
15秒之内"提出明确的疑问"

前边也讲过，15秒提出完整的疑问是非常重要的。

接下来，就让我们更加详细地看看它的必要性和提问方法。

一般而言，能成功说服别人的人几乎都是提问高手，因为他们能恰到好处地引起听众的兴趣。人的本性就是，当面前出现自己不知道的东西时，忍不住会马上想寻求其答案或理由。

比如说，即便是平时最讨厌记汉字的小孩，当他在电视上看到关于汉字的智力游戏时，也会满脸兴奋地去思考答案。

所以，重要的是我们要去思考提出什么样的问题才能够引发人类这种"想知道答案"的强烈的渴求之心。

另一个目的就是要让听众明确"现在应该考虑什么"，努力让他认为这是"自己该解决的课题（属于自己的事）"。

听众听完之后，最终你讲了什么呢？你想讲什么呢？完全不知道，这样的结果绝对不行吧。

通过提出问题，指出听众现在该考虑的事项，明确"现在该解决的课题是什么"。这点讲清楚之后，听众才会开始切身思考"这确实是个问题"，然后才能认真去听你的演讲。

相反，如果听众觉得这还不是"自己该解决的课题"，那么，即便你提出的方案再好，他也会认为"还不着急去解决"，也就有很大的可能不认真听你的演讲。所以说一定要提出一个明确的问题，从一开始就让听众觉得"还是考虑一下比较好"。

15秒的提问

是啊，确实是
个问题……

STEP-❷ 利用媒体，练习如何向听众提问题

其实，设计一个好的问题并非一件容易之事。

说来也是奇怪，越是成年人，越不会拿自己知道的事情故意以提问的形式让别人来回答。

而小孩子却可以非常自然地编一些智力游戏让妈妈回答，像下边这样：

"妈妈，妈妈，请问太平洋的中间是什么？"

"嗯，让我想想啊……是'平'字！"

然而，上学之后一般提问题的都是老师，自己则变成了回答问题的角色。这样的生活过了16年，长大之后，那种想要让别人回答自己问题的意识就变得更加淡薄了。

可能很多人都会觉得，自己提出问题让别人回答，这样的事情"难免有点自以为是的感觉，太难为情了"。

但是，如果你想在演讲中引起别人的兴趣，就一定要设计一些问题让听众来回答。

那么，到底怎么做才能让自己提出的问题不那么突兀呢？有一个方法是**利用电视等媒体来进行训练**。

首先请用一周的时间，尝试留意一下自己从电视机或收音机中听到的提问。然后在自己的脑海中不断提问"为什么会那样呢""为什么会播放那样的新闻呢"，通过这样的方式来创造出好问题。

关注媒体在"面向观众提问"时的台词

①利用新闻影像

我们要解放伊拉克人民!

在布什总统决定攻击伊拉克的背后,到底隐藏着什么样的实情呢?

②从身边的话题开始

这个山洞不时发出一阵阵可怕的怪声音,里边到底有什么呢?这个山洞本身又是怎么形成的呢?

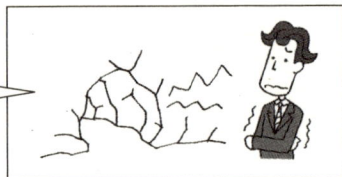

③天气预报

明天的天气怎么样呢?

④体育新闻等

今天石川辽选手的得分能否有所提高呢?

15秒 疑问篇

STEP-❸
创造一个好的提问"入口"

虽然是为引起观众兴趣的"15秒提问",但也不是简单做成智力问答就可以了。

我们平时常会听到的是下边这种让人有点摸不着头脑的提问类型:

"同学们,大家觉得能够让公司生产力有戏剧性提高的方法是什么呢?"

这种问题,听众听了会默默地想:"这谁知道呢!"

另外也有人在PPT的屏幕上非常显眼地打着几个大大的数字(比如:1235),然后开始大声向听众提问:"大家知道这几个数字是什么数字吗?"(反应还是相同的"这谁知道呢"。)这种提问的答案多数是不妥当的,如果你自己回答说"其实这是我公司去年提供过服务的客户数量",大家的反应就会变成"所以,怎么了"。这种情况下,不仅会让听众觉得扫兴,而且不利于创造一个良好的演讲氛围。

因此,我们首先还是从对方也有所了解的,能够引起共鸣的话题开始提问吧。

稍微说一点听众所了解的话题,以此为入口,慢慢让其进入演讲的世界中吧。

当他进来之后,就立刻将课题(存在的麻烦、困扰的事情、未解决事项)明确。这样,听众就会从心底里想知道"要怎么做才行呢",这时候你把方案展示出来。这样的顺序,是非常聪明也非常有冲击力的演讲推进方式。

打造好的提问入口，让听众轻松理解

最好的顺序如下：

入口（对方熟知的情况） → 需解决课题（存在的麻烦、困扰的事情、未解决事项） → 疑问（为了能解决问题现在应该考虑的事情是什么？）

入口

"在我看来，每一个经营者都在考虑如何提高员工的生产力……"

是哦！

课题

"但是，人们普遍认为日本的劳动生产力在全球发达国家中是排名最后的，只有美国的七成左右。"

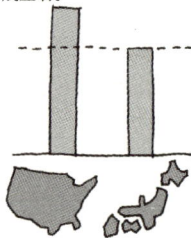

还真是！

疑问

"那么，今天我主要想讲的就是，通过什么样的方式，才能提高像这样的日本企业的生产力。"

什么方式呢？

入口

"今年用智能手机的人明显增加了很多。"

需解决课题

"如果选择了非常适合销售用的智能手机，就很难进行功能的比较。"

疑问

"那么，现在我们应该以什么样的标准来选出一款有助于销售工作的智能手机呢？"

"文章短一点儿也没关系，努力打造一个让听众毫不费力就能进入话题的入口。"

STEP-④
通过How、Why、What来制造问题

让我们更详细思考一下"能在15秒内提问"的表达方式。

基本来说，我认为运用开放式问题的"How""Why""What"3W问法比较好，因为它能让听众在思考答案的时候进一步拓宽思考范围。

演讲说白了就是为了让现状中不好（Bad）的地方，在将来变好（Good）而做的，所以疑问的关键点也一定在这其中之一上。

通过对它们进行组合可以组成6组提问方式。

①为了使听众感受到未来变好的情况，一般会使用以下这三种组合。

"How＋Good"应该怎么做才能变好呢？

"Why＋Good"这样为什么好呢？

"What＋Good"哪里好呢？

②为了使听众感受到现在的状况之差，一般会使用以下三种组合。

"How＋Bad"在这种差的状况下，应该怎么做才好呢？

"Why＋Bad"这种情况为什么差呢？

"What＋Bad"哪里差呢？

恰当使用开放性问题

① "Good" 能使人联想到状况良好的疑问

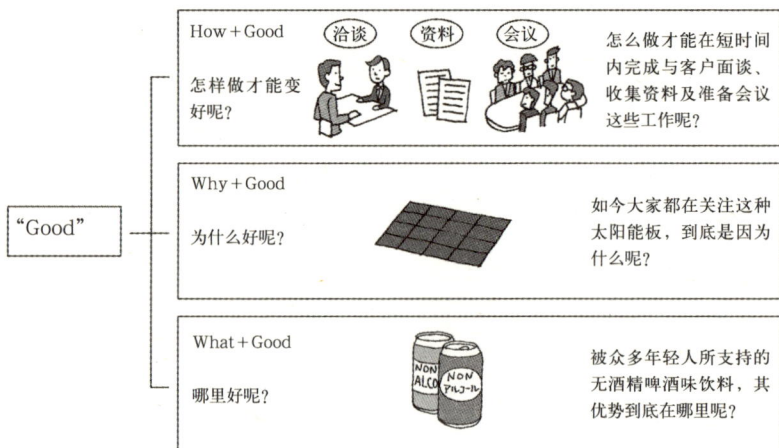

How + Good 怎样做才能变好呢？	洽谈　资料　会议	怎么做才能在短时间内完成与客户面谈、收集资料及准备会议这些工作呢？
Why + Good 为什么好呢？		如今大家都在关注这种太阳能板，到底是因为什么呢？
What + Good 哪里好呢？	NON ALCO　NON アルコール	被众多年轻人所支持的无酒精啤酒味饮料，其优势到底在哪里呢？

"Good"

② "Bad" 能使人想象到状况之差的疑问

How + Bad 对于这种比较差的情况，要怎么做才好呢？		一到周末就会被家人缠着一起出去玩，但其实真的很累，更想在家休息，这种情况下到底该怎么做才好呢？
Why + Bad 为什么不好呢？		那家连锁饭店五年前发展势头还那么好，为什么突然间赤字迅速扩大了呢？
What + Bad 差在哪里了呢？		销售额持续下降，没有发展活力的企业一般都具有某些共同点。它们的问题到底出在哪里了呢？

Bad

15秒 **疑问篇**

STEP-⑤
立即可用的提问套路

　　每次思考演讲时要提出的问题都是一件费尽心力的工作。

　　所以给大家准备了几个一般情况下经常可以使用的例子。

　　总使用这几种套路难免会变得老套，不过这几个例子相对来说是比较容易来回换着使用的，所以拿出来供大家参考。

　　关键在以下四点：

---

　　①选择基准是什么？

　　②平时会做什么呢？

　　③秘密或秘诀是什么？

　　④受人欢迎的理由是什么？

---

　　①选择基准是什么？

　　如果是商务人士的话，每天肯定都会穿正装。那么，在选择一套让自己穿起来帅气有型的正装时，你的选择标准有哪些呢？

②平时会做什么呢？

众所周知，带着孩子旅行不容易，大家平时都会去些什么样的地方呢？

③秘密或秘诀是什么？

有一个秘诀，可以让任何人都能立刻区分出某个蔬菜是否新鲜，大家觉得应该是看哪个地方呢？

④受人欢迎的理由是什么？

蔬菜送货上门的服务近来大受欢迎，其实它的价格并没有比超市便宜，可是为什么使用的人却在快速增加呢？

15秒 疑问篇

STEP-6
不要期待提问后的回答

提出问题后比较难的是如何处理之后的情况。

一般而言，当你提出问题之后，都会给听众留出一点思考的时间。

然而留出时间并不一定都能取得好的效果。

根据情况的不同，有时会出现提问后毫无反应的尴尬氛围。

演讲者：大家周末一般都会做些什么样的运动呢？

　　　　～问～

听众：（内心默默地想）好像并没做什么呀～

对于一些几乎不可能得到反响的提问，最好不要留任何考虑的时间，自己直接主动说出答案效果可能更好。

演讲者：大家周末一般都会做些什么样的运动呢？

演讲者：可能有网球、足球等各种各样，但是今天我主要想讲讲曲棍球的魅力。

根据情况的不同，有时可能需要听取多人的意见，比如："坐在最右边的那位，可以请您回答吗？"类似这样的情形。

这样的提问能够让听众内心涌出一种一体感，非常有效。但是一定要记得一点：提问之后并不一定能收到我们所期待的答案。实际让听众回答一下就会知道，如果让A回答可能是这样，让B回答则可能是那样，所以我们必须事先考虑好，不管得到什么答案，最终都能完美地衔接上。

主导权在自己手里，
不能因听众的反应而或喜或忧

大家周末一般都会做些什么样的运动呢？

好像并没做什么。

哎呀，完全没有人回答呀！

其实完全没有必要因此而失落，不被听众的态度所左右是非常重要的。

各位同学，大家周末都做什么运动呀？最右边那位同学你能回答一下吗？

呃……我想想啊。做的运动很多呢，夏天的时候是冲浪和潜水，冬天的话主要是滑雪。

STEP-❼ "重要的其实并不是××",这句话可以说

　　我再给大家讲一个能够引起听众兴趣的线索,它是一个通过否定某个理论来开始演讲的方法。

　　比如下边这种感觉的。

　　"其实做销售所必需的并不是品味。"

　　(销售 ➡ 不是品味 ➡ 那是什么呢)

　　"事实上,褒奖或称赞对于提高新人的热情和动力并不是那么重要。"

　　(动力 ➡ 不称赞 ➡ 那是什么呢?)

　　"其实,为了能瘦下来,并不是只要减少饭量就可以了。"

　　(变瘦 ➡ 不只是不吃 ➡ 那是什么呢?)

　　对于那些对方心里觉得"应该是这样吧",或是"一般情况下应该是这样吧"的表达,可以试着特意否定他们一下看看效果。

　　巧妙地讲一些跟大家预期相反的事情。

　　通过这个方法,使得问题并不是由演讲者提出,而是让听众心里自然而然浮现出一个"那么,重要的是什么呢"这样的疑问。

故意"否定"，引起听众的兴趣

做销售所必需的，其实并不是品味！

不是品味？那是什么呢？

减肥最重要的其实并不只是减少食量。

是吗？那是什么呢？

结 论 篇

STEP-❶ 讲"对方想听的内容"而非"自己想说的内容"

平时讨论问题的时候是不是常常遇到这样的情况呢？讲完之后被问"所以你的结论是什么呢"或者"我有点没明白你想说的是什么……"

想讲的内容有七八个，但是结论是什么却并不知道……

话说，结论本身到底是个什么东西啊？

《广辞苑》中是这样解释的："经过思考议论之后做出的判断或意见。"演讲的结论可以理解为："**经过认真思考之后做出的能够打动对方内心的判断或意见。**"

原则就是，或者"**用一句话归纳一下对方能得到的好处**"，或者"**直截了当地指出对方应该采取的行动**"。

不过在思考这个结论时一定要注意，不能根据"自己最想说的内容"来决定要讲的结论。

因为作为对谈来说，我们的目的不是传达自己想说的话，而是得到听众的认可，所以请养成一个习惯，无时无刻不在考虑"究竟说什么才能让这个（些）人想要行动起来呢"。

这个点可能并不一定是你要介绍的商品或服务的某个突出优点。有时候即便是结实耐用的高品质包包，如果目标人群是年轻女性的话，可能还是从设计感方面突破效果更好。虽然是以味道取胜的食品，但有时候主打健康概念可能更有效。

所以，根据情况的不同，以"**听众的主要诉求**"来思考是非常重要的。

以"听众的主要诉求"思考、提案

①对方能得到的好处

这台洗衣机即便你在深夜使用，也不会引起任何投诉。是的，它就是这么超静音。

②对方应该采取的行动

现在最需要的是，将管理意识由业绩管理型转化为下属培养型。

培养下属！

要时刻想着，听众最期待的事情是什么？听众希望我怎么说呢？以"听众的主要诉求"考虑问题，这其实也是构思演讲结论的一个技巧。

STEP-❷　按照"前三名占80％思维"来考虑，决定候选结论的优先顺序

所谓结论，按说最后应该总结浓缩为一点，但实际情况下这其实并非一件容易之事。有时候想讲的东西一大堆，完全不知道该如何选择。

遇到这种情况的时候，推荐你试试这个方法。

它叫作"前三名占80%思维"，是一个对于缩小结论的范围非常有效的方法。整体思路就是要在你最想讲的前三个话题中体现出你80%左右的主张。

"前三名占80%思维的实践案例"：

我们以目前我正在使用的这款超薄型笔记本为例来讲。

（1）首先我们选出想讲的内容并罗列出来。

①长达16小时的电池续航时间！

②采用最新款CPU，处理速度是传统型CPU的四倍！

③从桌子上掉下去也摔不坏的超结实机身！

④仅有1300克的超轻型机身，随时随地可携带！

⑤采用超高分辨率的12.1英寸广角液晶屏，画面清晰易使用！

（2）全部列出来后，再进一步思考在这几条中哪一条最有可能打动对方的心，然后选出最有可能的3条。我们假设要在外出谈生意时使用来考虑。

③摔不坏的机身

④超轻型

①电池续航时间长

（3）找出这3条应该讲的内容后，再对它们分别在讲话中应该占的比重大小进行排序。

③摔不坏的机身（大约40%吧）

④超轻型（约30%吧）

①电池续航时间长（约10%）

剩下的②和⑤加起来约20%。

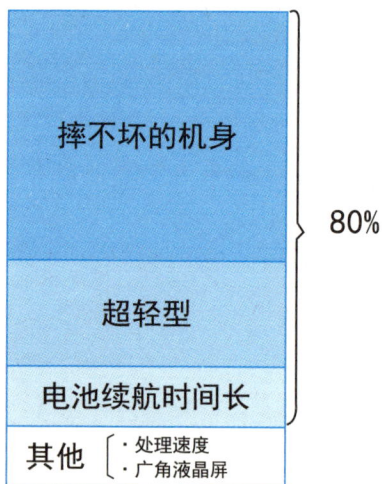

摔不坏的机身

超轻型

电池续航时间长

其他　·处理速度　·广角液晶屏

80%

整体以"摔不坏的超结实机身"为中心，再加入一些"机身轻"的简单描述，"16小时的电池续航时间"附带讲讲就可以，按照这样的构思阐述"结论"部分就概括得很系统了。

基本而言，以优先顺序排第一的内容作为结论来讲，其他内容附带讲讲就可以。
而且，千万不要碰排名在第四名以后的内容，浓缩内容时的判断基准就是这条内容是否能打动听众的心。

STEP-❸
以出人意料的遣词用语来增强感染力

讲出结论的那个瞬间，也是整个说服过程中最紧要的关头。

一定希望能讲出一些让听众很意外，但又能让其信服的、有感染力的话。

然而，还是那句话，说起来容易实际做起来却很难。

如果你介绍的商品或服务本身具备一些比较特别的、让人好奇的特征的话，那自然是再好不过了，但通常这种情况是很少的。

也就是说，**必须由说话者本人经过深思熟虑之后，字斟句酌出一个"能带来很强感染力的结论"**。

那么，是否有这样一个能够带给听众强烈感染力的发言呢？

这里介绍的是根据"相反组合"及"相似概念组合"的说法案例。

故意将两个相反的概念组合在一起，让人忍不住产生一种"这是什么"的想法，从而增强意外性。

另外，通过将两个相似的概念组合在一起，使人感觉到一定的幽默成分，也能达到让人印象深刻的效果。

通过语言组合的意外性增强诉求

●相反组合

掌握了一分钟说服的技巧，就是你一生的财富。

好苦啊！

但是还想来一杯！

●相似概念组合

永不动摇的信心，免震结构的家！

夏天限电时必备，让您在30摄氏度的高温里也能保持凉爽体感！
××泳池

10秒 **结论篇**

STEP-④ 讲出的内容要比听众想象的更深刻

为了能用"结论"牢牢抓住听众的心，最重要的是要讲出远超出听众想象的好点子。

比如说，假设现在开始一场关于"改革组织风气"的演讲。

讲出什么样的内容才能让听众认可和接受呢？

"交流是很重要的""必须有具体的展望或统一的行动方针才行""有必要改变经理的旧思想"等，可能我们能联想到的也就是这些。

但如果按这样说的话，听众中就很容易出现"这不是理所当然的吗""我很清楚啊"这样的反应。也就是说，如果是在听众考虑范围内的东西，即使再怎么讲也很有可能激不起任何回响。

所以，从这里开始一点点地将话题向更细的区域深挖才是最重要的。有一个叫作"击碎大块"的方法，就是通过把一大堆要讲的内容分成一小块儿一小块儿，讲出更加具体详细的内容来牢牢抓住听众的心。

比如在"交流是很重要的"这句话中，单是"交流"这个词就有各种各样的概念。

"上司和下属的交流""与同事之间的交流""与销售和现场人员的交流"等很多吧。那么在这些内容中哪些是听众想要的信息，是希望你为他提出方案的呢？我们要考虑一下如何更进一步深挖。

如果你说"哪个都很重要呢"，那显然就是欠缺提案能力。还是先推测一下听众可能想到些什么，然后再讲出比其更深层次的、更为具体的内容吧。

在听众设想的水平上再向前一步

总结起来就是

↕

再进一步挖掘的话

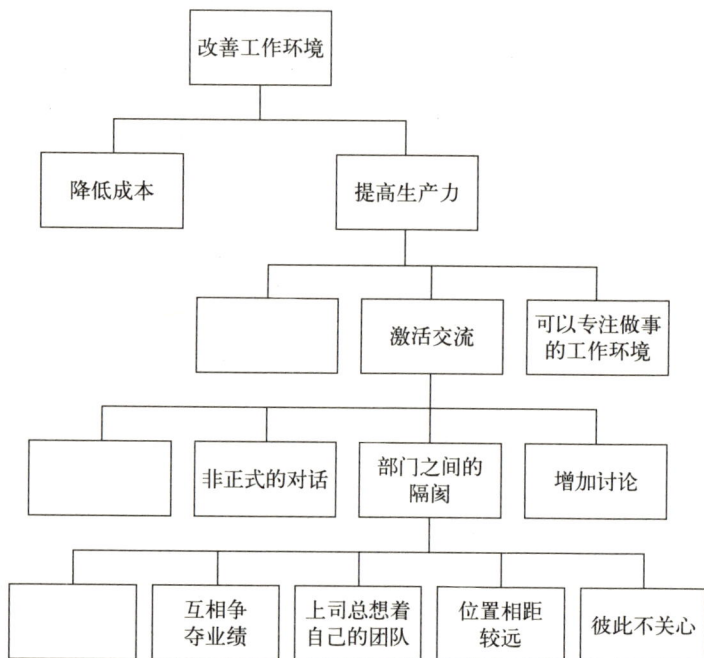

```
                    ┌─────────────┐
                    │  改善工作环境 │
                    └──────┬──────┘
            ┌──────────────┴──────────────┐
    ┌───────────┐                  ┌───────────┐
    │  降低成本   │                  │  提高生产力 │
    └───────────┘                  └─────┬─────┘
                          ┌──────────────┼──────────────┐
                  ┌────────┐      ┌───────────┐   ┌───────────┐
                  │        │      │  激活交流   │   │ 可以专注做事│
                  └────────┘      └─────┬─────┘   │ 的工作环境  │
                                                  └───────────┘
        ┌──────────┬───────────┼───────────┐
  ┌────────┐ ┌──────────┐ ┌──────────┐ ┌────────┐
  │        │ │ 非正式的对话│ │ 部门之间的 │ │ 增加讨论 │
  └────────┘ └──────────┘ │   隔阂    │ └────────┘
                          └─────┬────┘
    ┌──────────┬───────────┼───────────┬──────────┐
┌────────┐ ┌────────┐ ┌──────────┐ ┌────────┐ ┌──────────┐
│        │ │ 互相争   │ │ 上司总想着 │ │ 位置相距 │ │ 彼此不关心 │
└────────┘ │ 夺业绩   │ │ 自己的团队 │ │ 较远    │ └──────────┘
           └────────┘ └──────────┘ └────────┘
```

重要的是，要让那些只想着跟下属交流的组长更加意识到与其他部门合作的重要性。

更加深刻、具体的方案会提高听众的认可度。

STEP-①
通过多角度论证来增强说服力

下面是某商品的年轻开发负责人在负责说服公司的董事们。

关于这次新开发的智能手机的设计，我在考虑是否可以邀请著名的外形设计师佐藤直人先生来做。他的设计理念非常先进，在年轻人中获得了绝对的支持。

而且他的设计涉及面非常广，从家电产品到室内空间装饰，在很多领域都取得了非常好的成绩。

我自己也使用过他设计的咖啡机和耳机，用起来感觉特别酷，比其他的设计更有存在感。

恳请各位董事能同意我的提议，起用佐藤直人先生作为我们今后扩大销售额的一个法宝。

那么，董事们听到这样的提案之后，能给出执行指令吗？

在这位开发负责人的提案中，所有的提议理由都是**在一味强调"佐藤先生的设计能力非常棒"**这一点。提案者本人可能认为"因为佐藤先生的设计真的非常棒，所以肯定能顺利通过"，但是对于董事们来说，如果只听到这位负责人紧抓着一个理由按顺序来回强调这一点的话，是很难下达执行指令的。

那么，在这样的情况下，到底应该怎么阐述呢？

请参考下一页的改善方案。

43

思考该对听众说什么、
如何说才能得到理解和认可

关于这次新开发的智能手机的设计，我在考虑是否可以邀请著名的外形设计师佐藤直人先生来做。目前，智能手机在功能性和价格方面已经跟其他公司基本没有什么太大的差别了，消费者在选择时重视设计的倾向越来越明显。

①详细阐明设计的优劣与销售额息息相关。

在这种情况下，佐藤先生设计的家电产品几乎100%是人气商品，在媒体上的曝光率也很高，特别是在我们这次的目标人群——年轻人中非常受欢迎。

费用方面包括开发费、广告费等，我会详细计算，保证一定控制在预算之内。所以恳请大家能够同意起用佐藤直人先生作为我们新产品的设计师，为今后扩大销售额打下坚实的后盾。

②体现设计师的实力。

③强调预算方面无须担心。

通过以上三方面的论证，大大增强了说服力。

　　当然，在实际情况中，还需要准备更加具体的数字或资料来增强说服力，但是听到上边这样的阐述，是不是会让人忍不住想说"那就试试看吧"呢？
　　讲出什么样的内容才能得到听众的理解和认可呢？让我们先培养这样一个意识，通过论证确凿、素材均衡的理由来说服他人。

35秒　**理由篇**

STEP-❷　努力让听众"在脑中充分理解" "内心为之所动""背后得到鼓励"

努力使听众在"脑中充分理解""内心为之所动""背后得到鼓励"，达不到这样的程度是无法让听众充分理解和接受你所讲的内容并付诸行动的。

一般而言，听众首先希望能"在脑中理解"你所介绍的商品或策划的优秀之处。什么都不了解的情况下，莫名其妙地听到各种介绍"这个东西很好"，脑中也是茫然一片，完全想象不出好在哪里。

在理解和接受了它之所以好的理由（结构、原理）之后，再通过具体的例子才能对它产生逼真的印象和感受。

此时，才可以说"已经在脑中得到理解"了。

接下来是"内心为之所动"。

只有对对方有所信任，并且他说的话也能引起你的共鸣之后，才会觉得"这东西可能真的挺好"，最终内心开始慢慢发生动摇。所以一定要努力去"打动（听众的）心"。

最后一点是"背后的鼓励和支持"。通过一些鼓励性的话语或故事，充分渗透到对方的心里。

如果能恰到好处地做到以上这三点的话，演讲就成功了。

不过这个时候，听众可能正在担心以后是不是会后悔呢，所以要进一步"消除对方这样的不安"，顺便讲一些有助于做出决定的"选择法"。

经过这一系列的工作后，听众自然会诚实地听从内心的选择往前迈出一步。

将从心动变为行动的流程
也运用到说服中吧!

①脑中理解

哦，这样啊! 原来是想解决这方面的问题啊!

理解了。

②内心为之所动

对，对，就是这样的! 我懂，我懂!

心动了。

③背后受到鼓励

好吧，既然这样的话，就做出决定吧!

受到鼓励，迈向下一步!

"做出决定"对于听众来说也是一件可喜可贺的事情。
开口的人要时刻怀有一种用自己的语言帮助听众做出决定的使命。

35秒 **理由篇**

STEP-③
说出让人信服的"真相"

"这个高尔夫球杆年纪大点的人都可以打出很远，您要不要考虑下呢？"

"如果想毫不费力地开始减肥的话，要不要试试记录减肥法呢？只要记录一下每天吃的东西就可以了，非常简单。"

你有过类似上边这样的经历吗？被人强烈推荐某个东西，但其实自己并没有完全理解或认可对方所说的话。

如果是家人或朋友的话，可能就那么马马虎虎地相信了，但如果是在听别人说的时候，在还没有充分明白原因的情况下，就莫名其妙地被灌输一个观点，总会觉得不是那么甘心吧！

为什么你能拍着胸脯说它好呢？它好的原理是什么呢？这应该是每一个听众真实的心声，想要更清楚地了解背后的原因。

所以，我们在演讲时，**一定要在结论之后讲出有理有据能让人信服的推荐理由**。

不过虽说要讲出有理有据的理由，但也没必要翻来覆去太啰唆，过于死抠道理也容易让人反感。

简单明了地讲出"背后的真相"，让人一听就明白"原来如此，是这么回事啊"。

掌握诉诸"真实心声"的表达方式

结论

这个高尔夫球杆的特征就是年纪大点的人也能打得很远。

理由

为什么呢？
因为它头部的尺寸和正常球杆的大小相同，但是重量却轻了很多。所以即便是力气小的人也可以轻松挥杆。

有理有据地"揭露真相"让人信服。

结论

记录减肥法就是一种只需要记录每天所摄取的食物的减肥方法。

理由

为什么呢？
因为这样会让人意识到自己每天吃多少东西，最终达到控制食量的效果。

有理有据地"揭露真相"，让人信服。

STEP-④
谈话内容一定要易于比较和探讨

我们就直奔主题，请大家对比一下下边的文章，哪一段读起来更容易理解呢？

韩国是一个体育发达的国家。

与日本比起来，韩国是一个体育发达的国家。

人都是有了可比较的东西后，才对事物的位置关系有了清晰的认识。

这条原理在说服别人中也同样适用。

一般来说，听众对于你所介绍的产品基本是不怎么了解的，所以即便你跟他说如何如何之好，他可能也只能想象到一个大致的轮廓。

这种时候，为了让位置关系更加清晰明显，就需要设置一个可以比较的对象物品。主要有两种方法：“与竞争对手比较”的方法和指明是“某范围中的某个”的方法。

①与竞争对手相比，是A不是B类型

对于年龄大的人来说，比起“功能较多的手机”，“操作简单的手机”更受欢迎。

实际上，“通过运动来瘦身”，不如“通过控制卡路里摄入量减肥”效果好。

②在某个范围中做选择，在C这样的范围内是D类型

一般情况下，“海水鱼”给人的印象就是饲养起来比较麻烦，但在这之中，有一种海水鱼不仅饲养非常简单，而且因其样貌可爱而颇受大家喜欢，它就是“小丑鱼”。

有了比较对象后，不仅讲起来简单，听众选择起来也容易

①不是A而是B类型

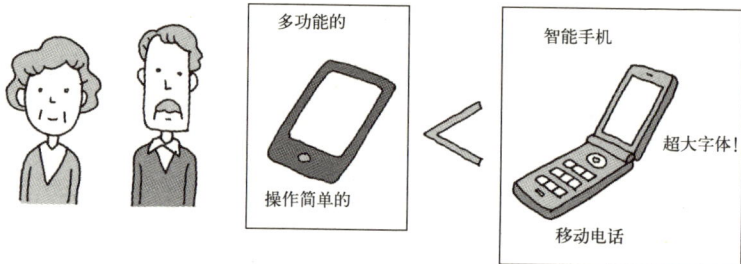

多功能的

操作简单的

智能手机

超大字体！

移动电话

今年一定要瘦下来！

比起勉强自己去运动

不如试试控制卡路里

大碗 ➡ 小小一茶碗

②在C范围内是D类型

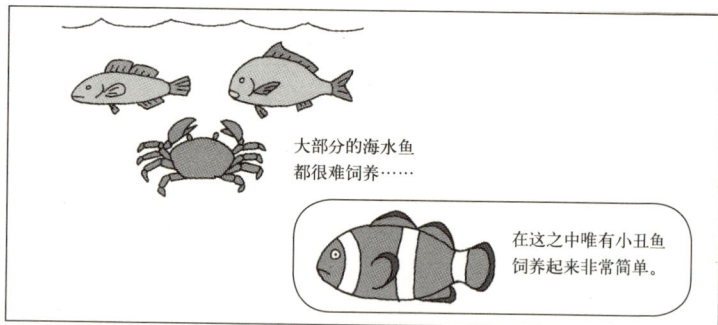

大部分的海水鱼都很难饲养……

在这之中唯有小丑鱼饲养起来非常简单。

35秒 理由篇

STEP-❺ 有变化才容易理解，要好好讲清前后变化

通过比较来讨论时，对于before（行动前）和after（行动后）的差异，不仅要讲行动后的结果，更要**充分展现before（行动前）的情况，这样对比起来效果才更明显**。

要展开说服的人对现状中存在的问题显然比谁都清楚，但是听众有时候并不了解也难以想象到有什么样的问题。

"这里！就这里！就是这里需要改变！"要把这一点恰如其分地传达给对方，才能让他感受到"哦，确实是改变了啊"，从而提高提案被认可的可能性。

比如下边这样的例子。

NG：这台吸尘器连螨虫、花粉、细菌等这样的细小尘埃也不放过，统统都能吸干净。

OK：到目前为止的吸尘器，大多对肉眼看不到的尘埃忽略不管，任它们随着排出的气体在屋子里到处飞扬。

但是这台吸尘器，连螨虫、花粉、细菌等这样的细小尘埃也不放过，统统都可以吸干净。

通过强调变化前的情况，使听众了解存在的问题是什么，哪些问题是必须解决的，这样才能凸显出行动后的变化之大。

存在的问题是什么？讲清行动前的情况来增加结论的说服力

这个方法将指导技巧与逻辑思维完美结合，只需三个月的时间就可以让下属成为独当一面的干将，是一种全新的下属培养法。

只显示了最终的结果，缺乏说服力，

大部分的销售经理都是依赖自己的经验或直觉来培养下属的。

但我要介绍的是一种全新的下属培养法，它将指导技巧与逻辑思维完美结合，只需三个月的时间，就可以让下属成为独当一面的干将。

加入了变化前的情况，增强了说服力！

35秒　理由篇

STEP-6
恰当使用专业术语

明明心里想着尽可能简明易懂地讲解，但还是一个不小心就把平时在工作中经常用到的"专业（行业）术语"说出去了。

如果刚好又是外来语的话，理解起来就更难了。因为它不仅是专业方面的用语，而且本来就是按照外国的定义舶来的词汇，很难按照一个日语词汇来理解和认识。

下边这个数据可能有点旧，但是根据国立国语研究所"外来语"委员会（平成15年至平成18年实施）的"外来语"替换方案，只有四分之一的人能认识下面的这些词汇。也就是说，在10个人中可能有7个人会不太明白这个词到底是什么意思。

---

conference（会议）　compliance（合规）　governance（统治）

identity（自我认知）　task force（机动部队）　amenity（环境舒适、愉悦）　commitment（互相关联、约定）　scheme（计划）等

听众在听到自己不认识的词汇时，会本能地顺着自己的记忆去搜索其概念。于是，在那个瞬间思维就会停下来回想："咦，是什么意思来着？"

这样一来，本来在跟着你的演讲进度往前走的思绪就停滞了。

所以，哪怕是些许的几个专业词汇，也不要寄希望于对方没准儿能推测出来。从开始构思演讲大纲的时候，就要考虑和预测这个词语大概能有几成的人理解，按照自己的预测做相应的准备。

不是所有的听众都能理解专业术语

"莫名感觉好像很酷的样子……"

在一个健全的组织中，多少有一些conflict（对立和冲突）是没关系的。在下一个scheme（计划）中推进就能catch up（赶上）进度了……

"但是并不懂！"

"替换成日语是什么意思呢？"

"conflict? scheme?"

关于这次事件，PM应该怎么做呢？

"project management（项目管理）？"

"还是指下午（英语里pm是下午，am是上午）的意思呢？"

"PM是什么啊？"

"是property management（属性管理）吗？"

运用专业术语时一定要慎之又慎。

35秒 理由篇

STEP-❼
如何用一句话增强听众的印象

大家一定都有过这样的经历吧？有时候听别人说一件事的时候，"怎么都想象不出对方描述的内容"。

针对这样的情况，给大家介绍一个简单的方法，只需要说一句话，就能让听众的脑海中浮现出大致的印象。

这个方法就是，在讲解之前加一句："**请大家想象一下。**"

只需这一句话，对方就能做好准备进入想象的世界。

具体的说法可以有好多种，比如"**大家可以稍微想象一下吗**""**请稍微想一下看看**"，等等。

接下来阅读下一页的文章时，请大家把自己想象成一个经营连续赤字的饭店老板，以饭店老板的心情来阅读它。

脑海中有印象了吗？

多讲一句话，让听众进入想象模式之后再开始提方案吧。

作为开场白的一句关照非常重要

请想象一下这样的画面！
现在店里的每个店员都在干脆利落地干着活，脸上的表情洋溢出满满的干劲。
"欢迎光临！""感谢您的光临！"迎客送客的声音不绝于耳，满座的客人们也都面带微笑，看起来交谈甚欢。
这样的光景，大家不想看到吗？不希望把我们的饭店也做成这样的状态吗？

STEP-❽
不要忘记加入具体事例

"只要您在上午11点前订购我们的鲜花送货服务，便可在当天下午6点前配送到全国任何一个地方。"

这个表达看起来好像合情合理，也能让人感觉到确实很方便，但它并没有创造出一种能够激起人们订购欲望的氛围。

为什么这么说呢？因为它只是在简单地传达事实，并没有起到推波助澜的作用，所以听众也不会投入实际行动。

这时候，最好是在后边再补充一个具体实例，让人联想到实际的情况。

有了具体的例子，就能浮现出一个大致的印象，有了大致的印象就容易让记忆定格，也容易促使人往前迈出一步。不过话说回来，挖空心思想一个恰到好处的例子也是一件让人头疼的事。

如何才能想出一个好例子，让人一下就能想象到所描述内容的大致印象呢？

打个比方，假设你要说的内容是关于商品或服务的介绍，**就想象一个"对方下次可能使用它的情景"**，比如下边这样：

"只要您在上午11点前订购我们的鲜花送货服务，便可在当天下午6点前配送到全国范围内的任何一个地方。**比如今天晚上您有朋友举行生日聚会，因为工作的关系您可能会迟到，这时候只要一个电话您就可以订购一束鲜花送过去。这样虽然人会晚到，但至少可以让您的心意先行送达，是不是很棒呢？"**

补充一个具体例子，告诉人们怎么做可以完美地解决问题，就会让人忍不住产生一种"想要购买"的欲望。

讲一个具体事例

这种营养补充剂含有包括维生素B_2、维生素B_6在内的12种速效成分，而且是无咖啡因型。

这种营养补充剂含有包括维生素B_2、维生素B_6在内的12种速效成分，而且是无咖啡因型。比如您辛苦工作一天后回家，只想一头钻到被窝里。因为明天还有重要的会议，所以一定要把今天的疲惫全部赶走，这时候喝一杯我们的营养补充剂简直再合适不过了。

牢记要通过自己的表达来勾起人们拿出实际行动的欲望。

STEP-❾
按比例表达

①"这种豆腐汉堡盒饭竟然只含有583克的卡路里，简直太健康了！" ➡ 究竟有多健康呢？

②"通过这种措施可以削减大约4500吨的二氧化碳排放量，实在太厉害了！" ➡　4500吨到底是多少呢？

我们总觉得讲出这样的数字，对方应该能够信服了吧？但是也有可能对方觉得"听起来好像确实很厉害的样子，但是并没有很理解"。

演讲的关键是听众心中能否形成一个大致的印象，对其产生一定的实感。这时候就需要按比例来表达了。

①我们平时在普通的家庭饭店用餐，稍微点份东西，卡路里含量可能就超过了1000克，但是这种豆腐汉堡盒饭的卡路里含量竟然只有583克，差不多比大部分菜低40%！

②通过这种措施可以削减大约4500吨的二氧化碳排放量。按照《京都议定书》的内容，全国人民每人至少需减少0.6吨的二氧化碳排放量才能达到目标，这个措施相当于实现了大约7500人次的排放目标。

先给出一个整体概况，再展示对象物在其中所处的位置，听众理解起来就容易多了。

按比例展示数据更容易理解

细微的差别也要关注起来

一般认为大部分人正常的读书速度是一分钟阅读500字，但是通过这种训练可以让你提高到一分钟阅读6000字。

通过这种训练，曾经需要花两小时读完的书，现在只用10分钟就可以读完了。

下边这种表达方式是不是更容易让人形成直观的印象呢？表达方式不同，听众的认可度也会不一样，所以一定要思考通过什么样的表达方式，才能让听众感觉更加亲近，更加容易接受。

STEP-⑩
学会活用经验数字

虽然想在言谈中加入数字来提高说服力，无奈手头没有详细的数据，如果从头开始调查的话可能要花大量的时间……

这种情况下该怎么办呢？推荐你一个好方法：**将自己的经验数字化。**

"我目前接待的客户中，近九成的人会选择用这个课程。"

"虽然没有精确的数据，但我感觉至少有60%的人会选择带扶手的椅子。"

根据自己的经验提供大概的数据就可以了，没必要刻意讲一些详细的数据。

有时当对方向你咨询"哪一种产品卖得更好呢"，这种时候不要敷衍别人说"呃，准确的数据我也不太清楚呢"，或者"这个，不同的月份销量可能也不一样"，等等，而应该尝试以这样的立场和方式回答：

"准确的数据暂时还不知道，不过在我销售的产品中，蓝色这一款大约占了70%的销量。"

将自己的经验数据化后告诉别人

模糊的回答不能打动对方的心，只会让其停止进一步的行动。

"呃，准确的数据我现在也不知道呢……可能右边的这款蓝色的出货量稍微大一些……"

充分利用"经验中获取的大概数据"，只是简单概括出来也可以大大增加说服力。

"根据我的经验，近九成的人会选择使用这个课程。"

35秒 理由篇

STEP-⑪
特意说明缺点

在家电大卖场中，如果店员一直强调自己的商品在各个方面都如何如何之好的话，反倒让人质疑"真的是这样吗"。

作为卖方，想要尽可能只强调自己商品的优点，希望对方能够喜欢，这种心情是可以理解的，但站在买方的立场来看，其实买方更希望对商品的优点和缺点都有所了解，在充分权衡利弊之后再做出决定。

常常在购买后才发现一些没有想到的缺点，后悔要是买之前能注意到就好了，这样的事情谁都经历过吧？正因为如此，大家在选择时都希望能在充分了解具体信息之后慎重选择。

因此，为了消除听众的这种不安心理，事先将商品的缺点都阐述了是不是更好呢？

很多时候讲了缺点后，反而更容易得到听众的信任。在让听众喜欢你所介绍的商品或服务之前，介绍者本人能够得到信任也是非常重要的。先讲一些听众"可接受范围内的缺点"，之后马上补充一些能胜过它的优点，通过这样的说明方法，既能提高销售者在听众心目中的信赖度，也容易打动听众的内心，促使其做出下一步的行动。

反过来，再怎么微不足道的缺点，如果放在最后讲的话也容易让人记住，最终很有可能诱导其做出否定的判断。

所以，一定要先发制人，消除听众的不安，推动其做出积极的肯定的判断和选择。

介绍缺点，让听众的心向积极的方向动摇

①花费成本

这款皮鞋价格稍微高一点，但是它有很强的防水性能，下雨天穿也没有任何问题，绝对能让你扮演一个能干的商人。

缺点

弥补缺点的优点

②花时间，费工夫

缺点

每天搅拌有点花时间，但绝对让你品尝到其他产品所无法体验的独特风味。

弥补缺点的优点

③样式或形状稍微差一点

这款相机比普通相机尺寸稍微大一点，但是可以30倍变焦摄像，画质也是业界一流。

缺点

弥补缺点的优点

STEP-⑫ "可能有人认为……，但其实是……"——事先想好可能的反对意见

表达自己的观点的时候，偶尔会说一些话让听众感觉到意外或惊喜，但是不同的听众会产生不同的反应，有的人可能就会从消极的方面去考虑，认为"不可能是那样吧"，对你的提案质疑。

而我们在一分钟内讲完所有的前提或选择是不可能的，这在某种程度上来说也是没有办法的事。

但是我们可以事先设想一下可能会出现什么样的反对意见，等对方提出后，加一句"这个情况我们也考虑到了"，至少会让听众觉得你确实做了多方考虑，有了这份信赖能够让他听你继续讲下去。

"这边的沙发价格都在7万日元以下，是一个比较便宜的区域。

"当然，这种为了放松身心的家具，肯定有人希望购买品质上乘的产品，但是对于有小孩的家庭来说，孩子难免会在家里跳来跳去，有时可能还会弄脏，价格太高的话免不了有点心疼，所以用这种价格相对便宜的产品再合适不过了。"

听到"别对自己的下属生气，要通过鼓励和赞美来培养"这种话，有人可能会担心"这样惯着下属会不会让他更加放肆呢"，但事实上众多的成长型企业都采用这样的下属培养方式。

人的价值观千差万别，要有足够宽广的胸怀说出"肯定也会有人不这样认为呢"。

想好可能的反对意见，置换为肯定的表达

听到"别对自己的下属生气，要通过鼓励和赞美来培养"这种话，有人可能会担心"这样惯着下属会不会让他更加放肆呢"，但事实上众多的成长型企业都采用这样的下属培养方式。

想好可能的反对意见后再发言，可以让持否定立场的人也能站在你这一边。

是吗？真是与众不同的见解啊！

呵呵

STEP-⓭
通过自己的体会或心理变化引发共鸣

也许有人会认为在说服过程中加入个人的感想是不是不太好呢。

但事实上，比起干巴巴地强调自己的产品性能如何强大，价格如何便宜，服务多么良好，那些在说服过程中让人感觉到这个人是真心喜欢自己所介绍的产品，这样的人更容易获得听众的信任并做出决断。

试着将自己对这个商品的想法以及真实感受加入演讲大纲吧！

把握好事实和个人情感的平衡，可以提高演讲内容的真实性。

其中比较推荐的一个表达是"**刚开始的时候我自己也很怀疑**"。

说服者本身对商品由负面向正面转化的态度，对听众来说也是有说服力的。

"刚开始的时候我也想过，这么薄的材质到底行不行呢？实际用了之后才发现它的手感真的非常顺滑……"

"坦白说，刚开始的时候我也是怀着半信半疑的态度给别人讲，到现在我亲身感受到它的效果之后，真的可以满怀信心地推荐给大家了。"

"**果然如大家所评价的那样**"，这句话也容易引起听众的共鸣。

"之前也听人说过它的好，自己开车试了之后果然是跟其他产品完全不同，非常强大有力。"

"本来是抱着试一试的态度在自己家用了下，现在已经在所有的房间都放了。真的很好用。"

类似上边这样的表达，大家可以参考使用。

通过自己的体会或真实
感受引发听众的共鸣

"刚开始的时候我也在想，这么薄的材质到底行不行呢？实际用了之后才发现它的手感真的非常顺滑……"

①个人体会。
②比起负面的强调，后边正面的评价更加深入人心。

之前也听说过大家对它的评价很好，实际用了之后发现其功能果然很棒。

特意强调正面的传闻，增强诉求的说服力。

STEP-⑭
通过"困难、契机、劣等感"引发共鸣

如果能在说服过程中有意地加入一些"小故事（小插曲）"，不仅可以增加讲话的深度，吸引听众的效果也是超群的。

那么，讲一些什么样的故事比较合适呢？

我们平时最常听到的题目就是"新的挑战"呀、"实现目标"（"成功经验"）呀这类的吧。但是总是讲这种完美的成功之谈听众可能也会扫兴。

所以我们可以尝试讲一些最终跟成功有关的，但并不是那么美好的小插曲，特别是一些包含"困难""契机""劣等感"的小故事。

最近有一件令人高兴的事。之前一个进公司三年左右的后辈曾跟我请教过推进会议的方法，前几天他跟我说："用了你的方法后，大家都开始在会上积极发言了。"

他之前一直和上司以及周围的同事相处不好，深受困扰，甚至一度犹豫要不要辞职离开公司。

"他之前一直和上司以及周围的同事相处不好，深受困扰，甚至一度犹豫要不要辞职离开公司。"这句话虽然是个消极的负面要素，但是就凭这句话就可以让前文的"一件令人高兴的事"变得更加鲜活。

不要一味地讲完美的成功经验，间或也加入一些消极的插曲，反倒容易引起听众的共鸣。偶尔也要想想，那些没能成功的经验或事情，是不是也可以作为小插曲用在演讲中呢？

消极要素也可以成为
演讲小故事的素材

　　十年前曾是明星部门的×事业部，近年来也在竞争下溃不成军。

① "困难的小插曲"

　　在这样的时候，他的妻子说了一句话："××这个东西太沉了，从超市买了拿回家真不容易。"就是这句话，成了他后来成功的契机。

② "契机的小插曲"

　　从那之后，他不再执着于增强性能，而是重点着力于开发轻型产品，实现了比原来的重量减轻60%，最终成了一款超级畅销的明星产品。

③ "劣等感的小插曲"

　　在故事中巧妙地加入"困难""契机""劣等感"这些因素，可以增加故事的趣味性，提高说服力。

35秒 　**理由篇**

STEP-⑮
求助于专家！谁的话最受认可呢？

刚进公司两年的年轻员工正在进行着热情洋溢的讨论。

"我们应该考虑的不是我们想卖什么，而是客户想买什么！在厂家工作的人，总会习惯性地考虑要卖什么或什么东西能卖得好！"

听到这样的话，会不会有下边这样的反应呢？

"别一副自以为是的样子。"

"明明自己什么都不知道……"

"这种大道理谁不会讲啊！"

（直率的听众可能会默默地想"快别说漂亮话了"。）

这个时候，我们换个方式，借助一下这方面专家的帮助看看效果怎么样。

德鲁克曾经说过："我们不应该考虑要卖什么，而应该问问顾客想买什么。"我以前还从没有像这样思考过。的确，每个在厂家工作的人都在想方设法思考要卖什么或什么东西能卖得好。

换成这样讲，大家是不是比较容易接受呢？

因为对于听众来说，比起讲话的内容，更容易被讲话者是谁所影响。

那么，在什么时候求助于专家比较好呢？一般来说，显然是在自己感觉经验相对不足、知识比较浅薄的事情上求助于专家更好一些。

借助于专家的话，提高讲话的说服力

松下幸之助

德鲁克

乔布斯

其他的名人

平时多看看书或看看电视，从中积累一些名人名句作为演讲材料。

当自己在这方面的经验很丰富时，还是讲述自己的亲身经历更有说服力，所以一定要分清情况。

35秒　理由篇

STEP-⑯
推动的关键是强调"轻便、简单、放心"

当听众对你要说的内容有了大概的理解，内心也开始觉得这个方案好像真的还不错的时候，他们会在意起更加具体的细节。

如果是商品的话，他们会在意实际的使用方法、附加选项以及维护方法等这些细节。

服务的话，会考虑可使用的时间长短、什么时候结束、提供服务的频率以及具体的服务内容等。

"操作都是触摸屏，前几天让不擅长电脑操作的铃木董事过来试用的时候，他在没看说明书的情况下，只用两分钟就连上了。"

"万一出现运转不良的情况，我们可派遣维修工在两小时内上门维修，几乎所有的工作单位都在我们可上门服务的范围之内。"

"虽然系统比较复杂，但是两个月的时间内可以完成包括操作员培训在内的所有导入工作。"

"可能听起来您会觉得有点麻烦，但其实只要每周从五个选项中选一个最符合项就可以了。"

听众好不容易提起兴趣了，这个时候如果让对方感觉到"果然还是很麻烦啊"或者"看起来好像很难操作的样子，要不再等等看吧"，那之前做出的努力就都付诸东流了，这样也未免太遗憾了。

所以，为了避免出现这样的状况，在给听众讲解使用方法时，一定要让对方觉得非常轻便、简单、放心。

在一些特别小的细节上也耐心倾听顾客的问题，当对方感觉到没什么问题的时候，就离下订单不远了。

"最后再说一句话"推动进展

①详细介绍使用方法、附加项以及维护方法

全部都是触摸屏操作，前几天请不擅长电脑操作的铃木董事试用了一下，在没看说明书的情况下，两分钟就连上了。

万一出现运转不良的情况，我们可派遣维修工在2小时之内赶到几乎所有的工作场所。

②介绍可使用期限、使用频率、可选菜单等的具体优点

虽然是一个比较复杂的系统，但是包含操作员培训在内，两个月之内就可以完成所有的导入工作。

可能您听起来会感觉有点麻烦，但其实只要每周从五个选项中选择一个最匹配的选项就可以了。

理由篇

STEP-⑰ 做决定时所必需的信息（地点、价格、推荐项目）是什么

一旦到了必须做选择的时候，常常因为种类过多而犹豫不决。

对于做决定的一方来说，真正到了做选择的时候，是需要相应的力量的。

哪种味道比较好呢？

你比较推荐哪种香味呢？

松、竹、梅之间有什么不同呢？

要开始的话从哪个价格区域开始比较好呢？

是不是加点附加项比较好呢？

在哪儿可以买到呢？

针对这些信息给出一个明确的选择，帮助其顺利做出选择。

虽然是一些比较小的细节，但一定不要让听众感到迷惑。

听到有人问哪个产品比较好时，演讲者可能会觉得"哪个都差不多啊，都是同类型的东西……"。

这种时候千万不要说"选择一款您喜欢的就好了"，相反应该适当给对方一点提示："要不您先选一个薰衣草味的试试？"

即便是相似性很高的产品，也要选出一款推荐给对方。

只有这样，才能在背后推动做决定的人向前走一步。

重要的是引导对方做出决定

选择多了就会迷惑

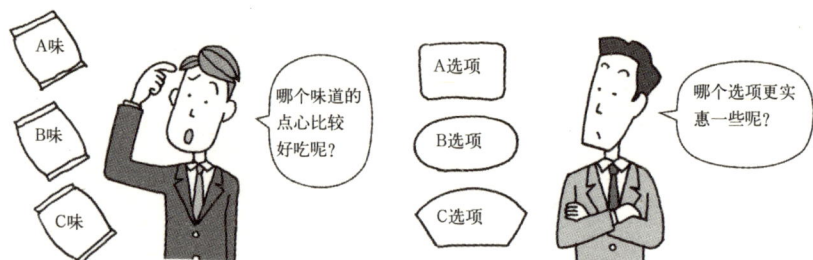

A味

B味

C味

哪个味道的点心比较好吃呢？

A选项

B选项

C选项

哪个选项更实惠一些呢？

引导其做出决定非常重要

B味

B味道的点心正适合这个季节吃，您一定要尝尝。

原来如此，B味比较好啊！

A选项是性价比最高的！

是吗？还是A比较划算啊。

35秒　理由篇

STEP-⑱
决胜台词一定要出奇制胜

"确实感觉挺好的，不过还是等我研究研究再定好吗？"

听了你说的话之后马上就开始行动，这样的人其实还是挺少的吧！即便你的一分钟说服做得再好，听众也不可能百分之百都说"好的，那我这就定了"，或者"我完全赞同你的观点"。因此，有一个能够决定胜负的决定性发言是不是比较好呢？

"（这款产品）是限量版的""（这个活动）是有时间限定的"或"现在定下来是最优惠的哦"等，像这样的表达也算是一种决胜台词，可以促使对方行动起来立即做出决定。

除此之外，这种"决胜台词"还要事先准备好，明确告诉对方希望其具体做什么，这点也是很重要的。

每个人都希望最后一句话能做个漂亮的收尾，但是只顾着故弄玄虚也是不可取的。

首先要让对方进入自己演讲的世界，然后在其将要走出去的时候做出点行动。

为此，就要充分展示出你**"希望对方怎么做"**，一定要尽最大可能具体、明确地表达。

也就是说，如果是下边这样的两句话：

"我们一定要共同努力，加强销售时的提案能力！"

"让我们首先将需求调查表和销售流程表整理好，从共享销售技巧开始一起努力吧！"

比较而言，第二句显然更容易促使人们做出行动。

所以，**好好利用最后一句话推动听众做出决定吧。**

为了能推动听众做决定,
先定一句决胜台词

用决胜台词推动听众做决定

"首先将需求调查表和销售流程表整理好,从共享销售技巧开始一起努力吧!"

通过具体的方案一决胜负!

原来如此啊!那试试看吧!

好!

毋庸置疑,将这个策划方案商品化后可以使销售额提高三倍。所以请大家一定积极探讨一下,谢谢大家!

在演讲的最后,常常有人一边说"以上就是我的发言",一边鞠躬,这其实并不是很好。聪明的做法应该是一边充满干劲地大声说"谢谢大家",一边鞠躬行礼。

一分钟说服的示例与关键点

最后问大家一个问题，你认为在一分钟的时间内可以讲多少内容呢？

我认为是**一张A4纸的内容，大约400个字**。

这么说可能一下子没什么概念，不过我认为一句话再长也不要长过50个字比较好。

也就是说一分钟能讲的内容量平均下来大约是12句话。

一分钟60秒，可以讲12个5秒钟能讲的句子。

当变成"可以讲12句话"的时候，想法是不是就有所转变了呢？

因为可以放进去好多的内容了。

那么，具体的时间怎么分配比较好呢？

为了让大家更好地理解，本书中我将按照15秒提出疑问、10秒讲结论、35秒阐述理由这样的时间比例来分配。

当然，只要理解了这个思维方式即可，未必一定要完全按照这样的时间比例来分配。

代替以往的总结，这次我们看一个基于以上内容的一分钟说服示例。

曾经在国誉有一款卖得很火的收纳柜（是一种关上门之后，密码锁的刻度就会变为0，自动锁上的收纳柜），它也被叫作"0锁柜"。我构思了一个关于它的一分钟说服策略。

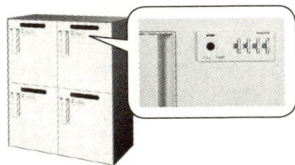

15秒

①疑问（入口）：企业信息泄露最近成了一个严重的问题。

②疑问（课题）：事实上，信息泄露不只是通过网络，还有好多是通过公司员工的纸质资料。

③疑问（问题）：在所有员工中贯彻执行给收纳柜上锁的规定其实也是很难的，到底如何做才能有一个比较好的解决办法呢？

10秒

④结论（结论）：有一种叫作"0锁柜"的收纳柜可以完美解决这个问题。

⑤结论（说明结论）：这种锁的密码只有四位数，每次关上门的时候都会自动变为零，自动锁上。

35秒

⑥理由（道理）：也就是说，即使有一些怕麻烦的员工，也不会出现忘记上锁的问题。

⑦理由（比较、缺点）：跟以往的收纳柜比起来，这款收纳柜的价格高出30%左右，稍微贵了点。

⑧理由（简单方便）：但是它非常易于管理，只要放在那里就可以了，既不需要钥匙，也不需要更换电池。

⑨理由（权威）：在信息管理方面非常严格的东京××银行用的也是这款产品。

⑩理由（感情）：对我个人来说，最开心的是以后不用再听到顾客的求助"钥匙弄丢了，帮我开一下门吧"。

⑪理由（选择方法）：该产品有多种款式可选，我个人比较推荐里边可放进去6个收纳箱的这一款。

⑫理由（行动）：借这次办公室改装的机会，请大家一定要选择这款"0锁柜"。

2

学习掌握说服的讲话方式

发声方式及讲话方式

STEP-①
在数码相机中录下自己的讲话方式

一些从事销售类工作的人，大部分时候都需要在众人面前讲话，但是他们中的很多人可能从未看过自己讲话的样子。

在本书前面我也讲过，希望大家在团队面前拍摄六次进行练习。但是又要准备摄像机，又要召集团队成员，有时候可能觉得太麻烦了。

因此，再给大家介绍一个自己一个人也可以进行自我检查的好方法。

就是用数码相机来录下自己说话时的样子。

现在的数码相机基本都具有视频拍摄模式。可能的话，最好用一个可放在桌子上的迷你三脚架，设置好数码相机，然后将自己讲话时的样子录下来。没有数码相机的话，也可以使用电脑上的在线录制或用手机拍。

千万不要觉得"好麻烦啊"或"太不好意思了"。

因为这样做效果真的特别好，自己检查自己说话时的样子对提高演讲能力有很大的帮助。

视频录完了之后还要认真检查，虽然可能会觉得特别难为情，特别丢脸，但是就把它当作一种仪式好了（在我的研修班中也有好多人对视频中自己的样子满脸愕然……）。

通过这样的训练，自己说服的能力提高了，这才是最重要的，不是吗？

通过自我检查,
及早发现自己的缺点并改正

将"自己"录下来吧!

可看到自己的
表情

能听到自己的
发声方式

还能看到自己
的站姿和动作

现在一千日元左右
就可以买到一个迷
你型数码相机三脚
架,组装和设置也
很简单。

　　看自己的样子、听自己的声音的确是一件很让人难为情的事,但同时
也是一个非常重要的过程。
　　清楚地看到自己的缺点后,"一定要改正"的欲望也会更加强烈。
　　等到习惯了这种"丢脸"之后,自己就成长了。

STEP-❷ 习惯才是大敌！多问问自己讲的话是否真的走心

每次在迟到的电车上，听到他们广播员的道歉，我都会感到异常不舒服。

总是一副习以为常的语调，仿佛播放录音似的："各位旅客您好，给大家带来的不便我们深表歉意！"的确，对于生活在首都圈的人来说，差不多每天都会在某个地方有电车迟到，播放的人似乎也觉得这几乎就是"理所当然的事"，于是就变成了像在说外交辞令似的，声音里听不出任何诚心诚意的感觉。

另外，有时候在某些居酒屋点菜的时候也是一样，经常听到店员回答"好的，很高兴为您服务"，声音虽然很响亮，但有时候听起来总有种"其实并没有很高兴为您服务"的感觉。

说服虽然不是道歉或感谢，但在讲话的时候，还是会把你当时内心的情绪全部传达出去。

所以，一定要发自内心地认为这是一件对对方来说非常好的商品或一个好的构思，通过使用它，可以让对方的生活或生意变得更好，诚心诚意地把这些展示给对方。

听众不仅看重你讲的内容，也会注意你本人的认真程度。

特别是在商品差别不大的情况下，大家都愿意从自己信赖的人那里购买。在提出一个新项目的时候也是同样，很多时候项目的成功与否并不完全取决于项目内容，而是与由谁来推进有很大的关系。

听众会观察提案者是否真的打算认真对待这件事情。

所以，希望大家能够时刻记着满怀热情地去演讲。

当你说话时你是怀着怎样的心情在讲呢？
满怀诚意地去演讲吧！

怀着诚意、
抱着真心去演讲吧！

NG

吧啦吧啦吧
啦吧啦

再怎么条理清晰逻辑缜
密也不会有好的回应。

STEP-❸
不是要放慢语速，而是要有节奏

让我没想到的是，竟然有很多人认为自己属于说话快的人，当问到"在别人面前讲话时一般会注意什么"时，有不少人回答"会不时提醒自己要讲慢一点"。

但其实，有时候说话太慢反而会让人感到腻烦，甚至可能会睡着。

特别是那些对发声或讲话方式没有窍门，讲话不会抑扬顿挫的人，有意识地放慢讲话速度并没有什么好处，很有可能会让听众感到无聊。

事实上，跟我们想象的不同，**一定程度的快速讲话我们都能跟得上。**

但是话说回来，**能跟得上讲话与理解了讲话的内容又是完全不同的。**

虽然听到了对方在讲什么，但是并没有理解，也没记在脑子里。这样的经历，大家应该也都有过吧。

这时候"节奏"就变得特别重要。

并不是将讲话的速度刻意放缓就好，**而是要有意识地加强讲话的节奏。**

可能的话，试着按照停顿2秒以上的节奏看看效果。

实际情况下，因为在别人面前讲话时难免都会紧张，所以按照2秒钟的停顿来打算，最终真正停顿的时候会变成1秒多一点。

而这个长度的停顿，其实恰恰是足够听众理解的，刚好合适的"节奏"。

理解带着节奏讲话的重要性

这款椅子移动起来特别方便，谁都可以轻松移动。

留出两秒的"停顿"

正因为如此，我们才有必要购买它。

NG

这款……椅子呢……随便一个人……都可以……轻松地……移动……它。

讲话慢并不是什么好事。

STEP-❹ 减少"呃～""那个～"，就能增加停顿

　　回看一下自己录下来的视频，就会发现无意识中就会在句子和句子之间发出好多"呃"或者"那个"等语气词。

　　下边是一个真实的一分钟说服练习中的其中一小段。

　　"呃，我想推荐给大家的呢，呃，是××公司的这款芝麻调味汁。呃，我自己在家的时候呢，也经常会做沙拉。那个，有一次因为朋友的推荐，就买了这款芝麻调味汁。嗯，虽然可能稍微有点贵吧，但是呢也还能接受，大约800日元就能买到了……"

　　看了这个之后，大家可能会想，说不定"我自己也是这样呢"。

　　是的。事实上，每个人多多少少都会忍不住这样讲话。

　　像这样的"呃"或者"那个"如果说得过于频繁的话，听众就不容易将注意力集中在你说的话上。

　　这也是为什么我们要时刻提醒自己尽量避免使用这样的词汇，因为只有这样才能留出停顿的时间，才能从容不迫地讲完。除此之外，过多使用"呃"或者"那个"，也会让人听起来没有信赖感。适当加入"停顿"后，听众也会感觉到你的从容自如，听起来就会觉得是一个非常有自信的提案。

　　但是，因为多数是在无意识中说出去的，所以想要避免它是需要一定程度的训练的。心里时刻记着要减少这样的情况发生，几个月之后自然会渐渐变少。让我们一起通过练习来克服它吧。

"呃~" "那个~" 是绝对的NG用语！

经常能听到的用词

呃~
那个~
所以的话~
这个~
果然还是~

要不要停止使用"呃"这样的词呢？因为它们真的是节奏很差的一种词。

这算不算一种回响呢？
根本不是，就是一种毫无意义的词……

哦哦，这样啊……

STEP-❺

要想讲话抑扬顿挫，就要了解自己声音的幅度

即便已经建议大家"讲话的时候尽可能再抑扬顿挫一些"，但对于好多人来说，还是起不到什么效果。

这是因为虽然讲话者自己可能已经在尽量控制语气的强弱，有扬有抑地叙述，但是听的人并没有感觉到其中的差别。

因此，为了能够做到抑扬顿挫地讲话，我们首先需要知道自己的讲话方式或声音可以在多大的幅度内移动。

上学的时候，音乐课上老师都曾在钢琴上用"Do Re Mi Fa"的提高或降低音阶来确认过我们的音域吧。

演讲也是同样。

需要确认的是以下三点。

①声音大小的强度

②讲话快慢的速度

③音调的高低幅度

我们从下一页开始详细介绍。

①了解声音的最小音量和最大音量

扬声器的音量放得太小了大家就会听不到声音，放得太大了就会破音。

我们也要事先了解清楚自己能让听众听到的最小音量和会让对方听着不舒服的最大音量，弄清楚这个区间的幅度有多宽。

想要知道这点，主要还是需要大家通过多试几次来掌握感觉。先试着大声说句话，之后自己在脑中想象一下对方应该能听到的最小声音，试着用最小声音说一句话。然后通过坐在最后一排听众的表情等来确认效果。

啊～　会不会太大声听着不舒服呢？

啊～啊～啊～
啊～啊～

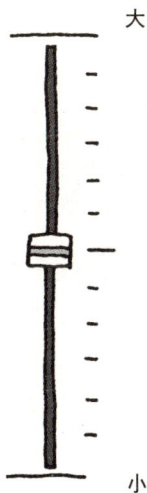

大

小

能听得到吗？

先要知道自己的声音最大可以发多大，最小音量有多低。

②了解自己讲话的最快速度与最慢速度

讲话太快了，难免会吐字不清。

为此，我们可以先进行这样一个练习。把自己当成广播员那样，一字一句认真地阅读新闻稿，并且尽可能快地读出来。

同时，再做另外一个练习。像在给小孩子读故事书那样慢速讲话，同时想象一下怎样能确保让对方完全理解、兴趣盎然地听下去。在不同快慢的语速中，寻找最适合自己的讲话方式。

大家晚上好！今天的新闻是关于××公司采用的新的策划方案的事。

嗯 嗯

也可以让同事或朋友来听。

③分别尝试能增强说服力的低音与提升士气的高音

低音可以增加厚重感。由此也会让听众感到你对自己的发言非常有信心，从而能更加谦虚地认真聆听你的演讲。

另一方面，高音则可以增强声音的穿透力，具有让士气高涨的效果，所以也便于演讲者表达自己的感情。

比如，我们可以把演讲内容中偏理性偏逻辑分析的部分试着用低音讲一下："正因为如此，这一部分是非常重要的。"

接着，对于诉诸感情的部分，比如"请大家一定要多多支持"，将一些类似这样的台词试着用高音讲一下。

怎么样呢？有没有感觉到差别？

作为训练的话，我们也可以模仿电视或舞台剧中演员们那种略微夸张的高低音。

增强说服力	提升士气

略显阴沉

试试低音

用高音讲话

STEP-❻ 明确辨别句尾语气的强弱程度，"应该是这样"与"我认为是这样"

"在讲话的最后下定论"，是一个可以充分表达自己的主张或信息的理论。

在听众还没有完全了解的情况下，我们常常会忍不住谦逊地说"我认为这样做比较好"，但是在说服的时候，一定要干脆果断地一口咬定"应该这样做"。

不过需要注意的是，当有可能出现反对意见的时候，一口断定有可能会让人感觉到像在强加于人似的。

例如："提高动力是增强团体活力的最重要课题！"如果这样断言的话，就可能会有人质疑"真的是这样吗"。所以我们换个表达方式看看："人们普遍认为提高动力是增强团体活力的最重要课题。"这样说就可以在柔和中表达出明确的强烈的提案。

如果发言中有更加新颖的意见，而且它与我们一般的常识悬殊有点大时，使用"我认为是这样"的表达方式也是可以的。

"比起现在流行的指导（coaching），教得更全面彻底的教导（teaching）更好一些"，如果这样说的话，可能会有好多人会想："咦？为什么呢？"

"我认为比起现在流行的指导（coaching），教得更全面彻底的教导（teaching）更好一些"，换成这样的表达，听众就不会持有反对意见，反而会激起兴趣："那么，具体是什么样的思路呢？"

基本而言，要多用"是什么"来明确断定。当可能有反对意见的时候，可以适当使用"大家都认为是××"或"我认为是××"。

分清什么时候该断言，什么时候该特意留出余地

应该是××

"应该是××"是一种断定，会给人特别强调的感觉。在想要强调表达的时候使用比较好。

我认为是××

"我认为是××"是一种提醒人们有某种可能性的表达，也能让人感觉到尊重各种意见的体贴感。

我们先区分好它们的使用方法吧。

STEP-❼ 加入 "。" 和 "！"，句尾的语气会大不同，句尾的语气可传达出你的自信

　　一口断定 "是××" 的效果之一是很容易让人把握句尾要表达的内容。令听众最后听不出句尾想表达什么，不仅会让人觉得眼前这个人靠不住，而且这样的说服者常常会用几乎听不到的声音小声说 "我认为是××"。

　　"希望大家一定要选择我们的商品。" （声音越来越小……）

　　"咦？说的什么呢？"

　　"……（汗）"

　　句尾的语气太弱的话，听起来特别没有自信，给人的印象很不好。

　　相反，如果干脆利落地讲出句尾，不仅别人听起来强劲有力，自己也会信心倍增。

　　为了能充分表达句尾的内容，**大家可以将句尾 "。" 的语气也加进去试试**。

　　字正腔圆地说完每一个字之后再开始讲下一句，说服的时候要有这样的意识。

　　在一些需要特别强调的地方，加入 "！" 的语气也是可以的。

　　"我强烈推荐这一款！"

　　"我一定会××！"

　　"请交给我吧！"

　　在所有的句子中加入强调的语气会显得过于啰唆，但是在句尾有意识地加入却是一个非常好的方法。

牢记句尾的内容也要充分传达

为了能够充分表达自己的意思，要意识到句尾"。"和"！"的语气。

"我希望大家能支持这个构思。"

"我认为，这就是我们这个社会所需要的！"

很可靠！

感觉可以信赖！

原来如此！

STEP-❽ 灵活运用英语的表达方式，简明扼要地传达

　　日语这种语言，由于其本身文化历史的特殊性，使其具有一个句子不听到最后或不看到最后无法知晓其意思的特性。

　　听到最后才能理解"哦，原来他讲的是《存在的课题》这一部分"。但是这样的句子结构有个重要的问题就是不能在短时间内掌握讲话的全貌。如果是稍微长一点的句子，可能需要花10秒钟才能全部讲完。虽然只是10秒的时间，但也要顾虑到对方的感受，尽量不要让听众感到着急。

　　这样的话，就非常有必要在句子的开头把"可贵""重要"或"问题""疑问"等这样的词汇摆出来，明确体现出讲话的大意。

　　"可贵的是……"

　　"重要的是……"

　　"问题是……"

　　"我们的疑问是……"

The important thing is …/The question is …

可以看出，其实与上述英语表达方式的结构是完全相同的。

　　另外，日语还有一个特征就是一个句子不看到最后不能判断其是肯定句还是否定句。

　　"对于日本人来说，即使在当今社会也需要矜持缄默的精神，**我是这么认为的。**"

　　"对于日本人来说，即使在当今社会也需要矜持缄默的精神，**我不这么认为。**"

因为"我认为"和"我不认为"的区别，意思大不相同。

所以，演讲的时候我们最好把"认为"这一部分也提到前边。

"我认为，即使在当今社会，日本人也需要矜持缄默的精神。"

"我不认为，在当今社会，日本人还需要矜持缄默的精神。"

这样的表达听起来强劲有力，意思也明确清晰，因而给听众的冲击力也很强。

灵活运用英语式表达方式，
传达自己想传达的内容

日语是一种不听到最后不知其意图的语言

我认为对于日本人来说，即使是现在，谨慎缄默的精神也是需要的。

先明确结论，增强发言能力。

我是这么认为的：对于日本人来说，即便是今天，也需要谨慎缄默的精神。

为了有效传达自己想讲的内容，可以灵活运用英语的表达方式。

有效利用肢体动作

STEP-❶
说服就是与对方的表情玩投接球游戏

据说在电视节目"哈佛白热教室"中特别有名的迈克森达教授有个规定，如果自己课上讲的内容无聊的话，学生可以给他使出某个暗号。

比如无意识中咳嗽一声或跷二郎腿什么的。

因为说服是为了说服听众拿出实际行动（去购买等）而进行的，所以在没有准确把握对方的情况下是很难顺利进行的。

不过话虽这么说，实际情况下，单单为了让自己的讲话圆满顺畅已经竭尽全力了，哪还有精力顾虑听众投来的表情。即便听众在脸上显示出"内容有点无聊"，或者"这个演讲好长"，或者"这部分内容刚刚不是已经讲过了吗"，又或者"刚刚讲的那个词是什么意思呢"等这样的表情，大部分人也都选择了避而不管、若无其事地继续讲下去。

某种时刻，说服多人是很难与对方进行直接性对话互动的交流。如果是普通的对话，当从对方的话语中感到其误会了自己的时候，还可以进行及时修正，但是演讲就是一个人站在那里不断地讲下去，所以也没办法去修正。

所以，**我们是不是可以尝试多观察一下对方的表情，尽可能读出对方表情中想表达的内容呢**。

比如：

"啊，刚刚他那个表情意思是讲得太难了吗？"

"刚刚那段是不是讲得太无趣了呢（自虐）？不好意思啊（做出一副难为情的样子）。"

所以，下次就让我们怀着与对方的表情玩投接球游戏的心情说服吧。

从对方的表情中感知其想要表达的内容

说服就是与对方的表情
玩投接球游戏。

大家明白了吗?

NG
自己单方面的叙述和表达并不能
实现说服。

无聊

不懂

　　就像前边讲过的2：6：2法则那样，在一个有很多听众的会场中，总会有一部
分人只是敷衍了事地听一下，也总有一部分人会听得睡着。
　　但是，只要大多数的人在认真倾听，就要把那部分不认真的听众先搁在一
边，从认真倾听者的表情中一边读取内容，一边进行自己的说服。

有效利用肢体动作

STEP-❷
讲一句话看一个人

我们先考虑一个问题，说服多人的时候视线应该投向哪里（应该看哪里）？只盯着正面一直讲显然是不行的，这个大家肯定也明白。

我们可能知道眼光要照顾到全场，但并不知道具体应该怎么照顾。

基本来说，**应该每讲一句话看一个人。**

在讲一句话的时间中，目光一直投向会场中的某个人，讲完之后稍微停顿一下，然后将目光转向不同区域的另一个人。

这样既可以让自己讲话时保持从容不迫，也能留给听众一个友好亲和的好印象。

平时我们经常能见到的情况是，讲话过程中脸一直频繁地左右移动。

这样的话，目光确实照顾到了全场，但会给人一种慌慌张张的感觉。

要时刻记着先确定一个目标听众，然后对着他讲。

总而言之，最重要的是别感到不好意思。大大方方地面对听众的表情，对方也会认真回应和倾听你的演讲的。

大方面对听众的表情就好

每讲一句话注视一位听众，从容不迫地讲吧！

有效利用肢体动作

STEP-❸　目光注视的对象为"面前靠近两边角落的人""关键人物"和"点头的人"（其一）

在公开场合展开大型演说活动，具体应该看什么样的人，主要可以分为三类。

第一类是"自己面前靠近两边角落里的人"。当然，最后排角落里的人也需要照顾到，不过相对于自己面前靠近两边角落的听众，后排角落的听众很容易就能看到，只要以会场中央的听众为中心，不断向两边扩展，就一定能进入演讲者的视线，但是面前靠近两个角落里的听众却很难进入你的视线内，除非特意用广角去看。

所以，哪怕是为了提高整个会场的一体感，也要尽可能多关注离自己最近的那一排靠近两边角落里的听众。

第二类是"关键人物，做决定的人"。

我曾经也有失败的时候，虽然大家可能觉得不足为奇。那是在一次面向客户的演讲中，因为在场的年轻员工们都听得非常认真热情，我自己感觉完成了一场非常愉快成功的演讲，但是在结束的时候却发生了一件完全没有预料到的事。

坐在最里边看起来像项目领导的董事对我说："我们并不需要这么彻底完整的方案。"

虽然会场整体的氛围很重要，但是说服是否成功的最终决定者往往在用多角度的视点观察，所以有可能会呈现出与其他人完全不同的反应。我们在侃侃而谈的时候一定要把这些反应看在眼里，一边观察一边往下讲。

定好 "看哪个人"

① 最前边靠近两边角落的听众　　　　　　也有后边角落里的听众

② 关键人物

← 项目领导

最好也观察一下最终做决定者的表情。

有效利用肢体动作

STEP-❹ 目光注视的对象为"面前靠近两边角落的人""关键人物"和"点头的人"（其二）

第三种是与不断"点头的人"对视。

再怎么擅长说话的人，每次说话的时候也还是会担心听众是否能听懂自己讲的内容。

这种担心越多，人就会变得越紧张。

所以，在开始紧张之前，**首先在会场中找一个能为你讲的话频频点头的人，然后对着他开始讲。**

看到有人在点头，内心的不安自然就能慢慢冷静下来。

冷静下来后，即使面对不点头的人也可以保持一定的从容和淡定。

如果你不相信，可以在别人说话的时候试验一下。刻意向说话的人不断点头，是不是会发现他的目光一直往自己这边看呢。虽然只是一个简单的点头动作，却能给正在说话的人带来莫大的安心感。

不过，一般会场上能为你点头的人并不多（只有5%～10%吧）。

所以我给大家的建议是，对于一些非常重要的场合，无论如何都忍不住会紧张的时候，可以安排一两个自己的朋友站在最后排，拜托他们不管自己讲得有多差，都对着你不断点头。

这样对着他们讲几分钟，慢慢就能平静下来了。

哪怕只是为了让内心平静，
也要找一个能为你点头的听众

③点头的人

先确认好哪个人可能为你点头。

有效利用肢体动作
STEP-❺
讲话不要扭扭捏捏

下次若有公司早会或有级别高的领导讲话，你可以观察一下他们讲话时的姿势。有没有发现他们中的好多人讲话的时候两脚啊腰部什么的都扭扭捏捏的呢？

答案是"是的"。而且，说不定你自己可能也是这样。

大多数人都会更多注意到自己讲话的内容或声音的大小，却很少考虑到自己肢体的动作。常见的案例如下：

①腰部扭扭捏捏来回动➡看起来很不沉稳的样子

②弓着后背一边摇头一边讲话➡看起来很怯懦的感觉

③反过来，下巴抬得老高，挺着胸膛直立不动➡看起来一副很了不起的样子

另一方面，动作扭捏的人无意识中是不是会这样想呢？

"一站在众人面前就紧张！"→"唔，好想放松一下。"→"对哦，要想放松还是得采取可以休息的姿势。"→"（过一会儿后）怎么感觉这边的脚有点累了。"→"换另一只脚休息下吧。"于是，不知不觉中身体就开始一直动来动去停不下来了。

站在别人前面讲话时，一定要两只脚用力均衡，笔挺大方地站立。

两脚自然张开，张开幅度比肩宽稍微窄一点（张开太多，有可能给人骄傲自大的感觉）。

不习惯的时候，维持这个姿势可能会稍微感觉有点累。但是渐渐习惯了之后，这个姿势本身就会变成一种最自然的状态，全身挺直，感觉很舒服。所以，尝试让自己的身体习惯正确的姿势吧。

肢体动作会在无意识中体现出来，必须特意去修正

扭扭捏捏的人常见的动作类型

啊，好紧张！必须得放松一下！

嗯，这才是能休息的姿势嘛！

哎呀，右脚有点累了！

左脚又累了！

扭扭捏捏，动来动去，总是沉稳不下来。

笔挺大方地站立！

往观众的方向走也是可以的！

两脚微微张开。

虽然在原地来回晃动身体不好，但是在会场内走动是没问题的。
一边讲话一边微微向着听众的方向走近，还能给听众带来适当的紧张感。

有效利用肢体动作

STEP-❻
定好自己擅长的手势

当众说话的时候手放在哪里，也是一个大难题。

插入口袋或抱着胳膊都会给人一种居高临下的感觉，这点大家都明白，所以我们常常会选择在背后挽手腕。

也许你认为这样可以拉长后背，给人笔直挺立的感觉，但另一方面大家也普遍认为说话的时候把手藏起来不被人看到是很不好的。

此外也有很多人会摸自己的腰带、裤子或领带，更有不少人选择把玩笔杆或正在介绍的商品等所有握在自己手里的东西。

包括准备的资料在内，当手里拿着什么东西时，一定注意不要把自己的紧张感通过手里的东西传达出去。因为当手里拿着东西时颤抖的幅度就会增大，看起来就更显眼了。

手的位置在身体的侧面，那就以此为基础在面前轻轻挽上（不可以揉搓双手），两只手腕八字形张开（类似于拍手前的准备姿势），尽可能让听众看到手掌心，然后一边挪动双手一边讲话就可以了。

在说服的过程中，想要突出强调"就是这里"的时候，也可以挑战一下加入适当的手势。

当表达数量众多——"有好多"的时候可以将双手缓缓张开，而握紧拳头则表示"绝对没问题"等，可以先在镜子前做着看看，选一个自己做得最自然的姿势作为自己的"擅长手势"，在需要的时候用在自己的说服中。

确定自己的专属手势并有意识地运用

手放在身体两侧　　　　在身体面前轻挽　　　　也可摊成八字形，保
　　　　　　　　　　　　　　　　　　　　　　　　持准备姿势

NG

碰　　触摸　　玩弄

不要弄得嘎吱嘎吱响

也可以先确定好手势

有信心！

将手指竖起来

是这样的吧！

不过，在正式说服别人前最好做给自己
的同事看看，因为有时候可能因为做的手势
太冷，反而起了不好的效果。

国誉的说服之道①

遗书箱

●将消费者需求作为最重要的说服素材，让自己的想法成了人气商品。

K小姐（国誉S＆T株式会社消费者市场事业部）

K小姐开发的〝遗书箱〞，因为自己都可以轻松制作遗书，最终**成为累计售出7万件的破纪录人气商品。**

提到她的说服技巧，她是这样说的：

"因为在我看来自以为是的想法是非常恐怖的一件事，所以一般不太会相信自己直觉的感受。相反，我会向身边尽可能多的人咨询意见，只有当他们听了之后表现出'这样啊'或者'的确如你所说'等类似这样比较感兴趣的反应时，我才会把这一部分内容放入其中，作为说服别人的素材来使用。"

本来K小姐的想法是：〝一般从15岁开始人们就可以写遗书并具有了法律效力，所以开发一个从15岁开始就能写的遗书箱怎么样呢？〞这个想法得到了她的上司的支持，于是一切就开始了。

为了准确把握关于遗书的需求，K小姐约见了男女老少很多人，对他们进行了意见征询。

从中发现了一些之前没想到的情况，比如：〝那些只有夫妇两人没有子女的家庭，反而有很强的写遗书的需求，但是很多人并不知道这一点。〞再比如：〝一些人觉得自己没什么财产，所以也没什么必要写遗书，但是越是这样的人他们的家人其实更希望他们能留一封遗书给他们。〞

于是，在演讲的时候，她就通过一个个具体事例把这样的需求都积极表达出来，阐述了开发遗书箱的必要性。

事实证明,这样的方法的确奏效,她的演讲获得了演讲大赛的第一名,董事们一致决定将她的方案商品化。

　　据说当时董事们的反应是这样的:"提案的具体内容就交给你了,但是通过你的演讲我们深切感受到需要这种遗书箱的人有很多,所以这个提案被采用了。"

国誉的人气商品"遗书箱"

专栏

国誉的说服之道②

面向客户的说服

●在面向客户解说时，也要想办法深入全体客户方（整个公司、组织）

M 先生（国誉家具公司　销售）

让客户佩服这一点上无人能敌的 M 先生，他认为说服最重要的是**"听完你的话后，对方企业的负责人在其公司内部说明你讲的内容时能够讲得简单明了，易于理解"**。

M 先生说："对于经常关于办公空间或家具提方案的国誉家具公司来说，我们的客户大多是各个公司的总务负责人。因为我们是空间构造的专业人员，所以比较容易说服他们，但是即便他们在听我们讲解的时候已经心服口服，但当他们回公司给上司阐述时，也常常会出现意思传达不明，讲话含糊的情况。"

也就是说，**说服不仅需要让你的听众听明白，还需要让"听完你的话的人在给别人说明时也能传达清楚"**。

这就要求我们在资料中使用的词汇和客户在公司内使用的词汇保持一致。

不使用对方不明白的专业术语，这几乎已经是一个常识了。然而，仅仅如此还不够，如果能与对方企业公司内的日常用语也保持一致，才能把一些细微差别也传达到位。

比如，同样一个级别称呼，你会用经理、领导，还是高管呢？

对于项目组（project team）这个词，你会简称 PJ 组还是简称 PT？

你会说一个席位，还是一个座位呢？

在与别人的对话中只有用了这个公司、这个行业所属的措辞，才能让对方充分理解。

与对方保持一致，听起来好像是很小的一件事，但从传达意思的角度来说是非常重要的。

成为一个时时处处为客户考虑的销售，其实也是成为
说服高手的第一步！

第 2 章

训练与应用篇

说服
非一日之功

1 让我们开始训练吧

STEP-❶
用秒表体会5秒钟的感觉

大家看到一个剧本后，可以估算出大概用多长时间能说完吗？

事实上，真正说的时候比我们想象中花的时间还要多。因此，非常有必要培养准确的时间观念。

我们先准备一个秒表或厨房计时器，确认一下在多长时间内可以说多少话。

"接下来我给大家介绍一下这款智能手机。"

（这大概是5秒的时间）

"接下来我给大家介绍一下这款搭载安卓操作系统，可用于任何商务场合的高级终端智能机的最新功能。"（大约10秒钟）

也要感觉到停顿时间的长短。

"以后我们在选择用于商务场合的智能机时，首先应该注意哪些点呢？"

（停顿）

"其实我希望大家能够关注的是，厂家有没有考虑到跟个人电脑一样的安全对策。"

停顿时间在1~3秒是比较好的。

体会和感知时间

秒表

感受5秒钟的
时间有多长!

　　练习的时候,可以有意识地将停顿时间拉长一点,这样比较容易抓住
感觉。
　　演讲开始前的准备也很重要。缓缓走上讲台,站在自己的位置上。然
后先看一遍会场的右边,再绕着会场左边看一圈,"好的,现在我们开
始"(在说"好的"之前大概用5秒钟),然后正式开始说服别人。

STEP-❷
看新闻节目，锻炼"评论能力"

给大家介绍一种锻炼自己在短时间内讲出绝妙评论的训练方法。

这个方法就是：**看电视的新闻节目。**

我比较推荐的是三野文太（Mino Monta）主持的《早间新闻直击》或古馆伊知郎主持的《报道站》。

但目的并不是要大家模仿这两位主持人的脱口秀技巧。

而是让大家模仿站在他们旁边的评论员的即兴评论。

在新闻节目中，会有各种主题各种各样的提问投向评论员。

"关于消费税增税的问题，实际执行中我们应该怎么做呢？"

"日本的工厂今后应该怎么做才能保留一线生机呢？"

类似这样的，每天会有各种五花八门的问题飞过来。

假如自己是评论员的话，这种情况下会如何回答呢？对着电视机试试吧！

如果能让自己的朋友或家人听一下自己的评论，并直言不讳地提出意见就更好了。

锻炼评论能力

和朋友或家人一起锻炼评论能力吧。

STEP-❸
把可以做说服别人素材的具体事例都存起来吧

据说担任日本药师寺执事的大谷徹奘先生从来不说自己没有体验过的事情。

原因是他觉得如果被人提问了自己回答不上来的话会比较难办。

我们作为普通人可能很难做到像他那样克制，但是要想让自己的讲话充实可信，就必须事先准备好一些自己的亲身体会或可引用的文献，以及一些故事等这样的具体事例。

假设我们现在想表达"人生与年龄无关，不管是多少岁都可以继续成长，继续进步"这个论点。

"Japanet TAKATA的高田明社长是在他45岁的时候才开始电视购物的。"

"麦当劳创始人雷·克拉克（Ray Kroc）年轻时候辗转多份工作，最后在他52岁的时候才创立了麦当劳，之后一举成名。"

如果多少加入一些上述这样的事例，说服力就会增强不少。

不过也没必要把所有的引用出处都记在笔记上，那样太费事了，现在的网络如此发达，我们想查什么，上网检索一下很快就能找到。

只是在"听到某些感觉可能作为参考的话或读一本书后有些印象比较深刻的内容"时，将它们记在自己的笔记上，比如"Japanet TAKATA 45岁电视购物"，这样日后可能会很有帮助。

这些细微的积累慢慢会成为日后的"存款"，在你的演讲中发挥大作用。

发现可作为说服别人素材的具体事例，就立刻记下来，为日后做储备

记笔记

> 想表达"人生与年龄无关"这个观点啊。
> 下次想到具体的实例就记下来吧……

具体事例①

开始电视购物是在他45岁的时候！

具体事例②

麦当劳是克拉克在52岁的时候创立的。

STEP-④
随时带着便笺，养成时刻记录想法的习惯

对于那些经常说自己没有有趣的点子或想法、找不到好素材的人，我推荐你们一个好方法。那就是走到哪里都带着便笺和笔，想到什么点子的时候一边走一边记下来。

我一定会在自己的衬衣口袋里装着便笺和笔，然后在灵感容易出现的通勤时间里发挥作用。

往车站走的时候边走边想想现在还没完成的工作是什么来着，"唰"地一下好几个主题都跳出来铺在面前了。

想到什么就一边走一边胡乱写在便笺上。（虽然事后常常出现认不出自己写的什么而后悔的情况……）

将一些可能成为某个线索的素材也放入视野中，在电车上**突然灵光一现**想到什么了，也马上记在自己的便笺上。

我个人是比较常用便笺，不过用笔记应该也可以。

只是，像笔记这种订在一起的东西的话，有人可能会嫌弃字写得乱七八糟留在上面不好看，所以会选择可以随便书写的便笺。

大家可能觉得智能手机的便笺功能或手机的声音笔记也不错，但我最推荐的还是模拟性的工具。数字工具如果不是非常周到的话，就会变成"虽然想到个好主意，但是记笔记太麻烦了还是算了吧"，最终很有可能激发不起任何行动。

任何时候都可以马上拿出来随便写，也不需要特别在意周围人的目光，这就是便笺。

充分发挥便笺的作用

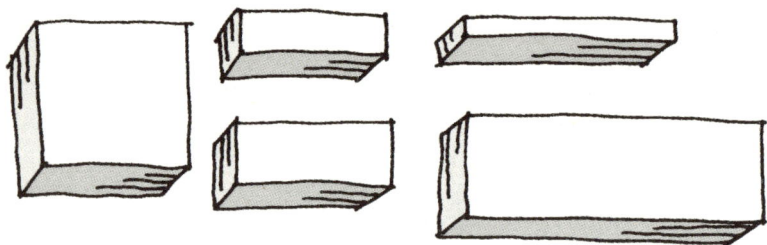

最后将这些便笺都贴在笔记本上，需要的时候看看有没有哪个能对自己有帮助。

20个便笺中大概只能发现一个让你觉得还蛮有趣的想法或表达。

STEP-❺ 通过笔记与伙伴们共享新发现并将其习惯化

我一直坚持让我工作组的成员每天早上将今天的工作任务表和前一天发现的随便一个想法写下来，然后发送给10人左右的全体成员。

一天记一个想法，只算工作日一年也可以收集200多个素材。

而将其在10个人中分享的话，就会变成2000多个素材。当然会有一些可能还没用就忘记了，但是肯定会发现一些很有趣的灵感，而且一直保持连续向某个人传达内容本身就会成为一个很好的训练。

成功将孩子培养进哈佛大学的若菜幸枝女士，据说她一直在跟她的孩子讲要"寻找今日"，每天聆听孩子在今天发现的事情或道理。

而这个习惯，在孩子进入哈佛前，对于其增强"发现细微事情的能力和思考能力"是有很大帮助的。

一些写博客或做互联网工作的人，可能因为要在上面发表东西，所以时刻想着收集素材，但是也有些人对于"向不认识的人公开自己的想法或事情会有抵抗感"吧。

所以我提出了这个与自己熟悉的伙伴共享信息的方案。

熟悉的伙伴可以是家人也可以是同事，有了对方会更容易坚持下去。请大家尝试多交一些"共享新发现的好朋友"，提高自己每天发现新想法的能力吧。

通过与自己的伙伴共享笔记，既可以获取灵感，还能锻炼向他人传达信息的能力

STEP-❻
练习给别人提反馈意见

　　大部分人即使看了浅田真央和金妍儿的花样滑冰表演，一般也只会不知其所以然地给个模糊的评价："金妍儿好像更漂亮一些呢。"

　　但是，如果是经常看的体育运动，比如经常看足球比赛或相扑比赛的人，就会说"那里不该传球应该直接射门吧"，或者"横纲这时候拉的话就不行了吧"等，他们可以在更细微的地方给出指点。

　　那么，在看别人的演讲时，又是怎么样的呢？

　　"好像有点没讲清楚呢"或者"怎么说呢，感觉好像论点有些不够鲜明"，大多是这样比较模糊的评价。但是这样的话，接受反馈的一方以及反馈方都不会取得进步的。

　　按照自己认为应该注意的要点，争取对别人的演讲做出合适的反馈吧。

　　当能对别人的演讲中好的部分和坏的部分都分解开来给出建议时，慢慢地对于自己的演讲也能以更冷静的目光来看待了。

　　当与别人互相提反馈意见时，最好是以好的部分占70%、差的部分占30%的比例来评价。

　　另外，提出反馈意见的时候不仅需要冷静的指点，在说话方式上还要记得尽可能给对方信心，提高对方的干劲。

通过给别人反馈，可以更客观地看待别人的讲话，也会作为自己的问题来注意

××部分的说明非常简单易懂，如果提问能稍微再具体一些就更完美了。

具体地进行反馈

啊，谢谢你！

　　"关于功能的说明非常明确，很容易理解！"（指出好的部分。）"不过我感觉如果提问稍微再具体一些的话是不是更好呢？"（指出需要改进的点。）就这样既详细又有礼貌地给出反馈意见吧。

STEP-❼
充分利用"他人的吐槽"

　　如果你觉得想不到好的演说剧本，我推荐一个专门用于这种情况的好方法。那就是让别人把能想到的问题都提出来，然后一边按顺序思考并回答对方的问题，一边观察对方的反应。提出一个问题后，对方可能会露出一副"哇哦"的表情（并不一定都会发出声音，可以看看表情）。然后就以对方这个"哇哦"为中心，开始构思演说剧本。

　　演说者本人因为对自己介绍的商品或服务很熟悉，有些认为绝对不会出现有疑问的地方，别人听了却常常会觉得很有趣。同时，不要认为"这么简单的事，应该是理所当然的吧"，相反，应该特意探讨下这里为什么有趣。

　　具体来说，按照以下方式进行。

　　首先自己制定一个粗略的大纲，然后讲给某个人听。尽量让对方一边听一边做笔记，当他想到什么问题的时候，就直言不讳地提出来。不要找借口说"这都不懂吗"，或者"不不，我并不是这个意思"，认真对待对方提出的问题并进行回答，让对方持续深挖问题直到他心服口服。事先告诉对方在不能完全理解之前不要停止提问。

　　在这样逐个回击提问的过程中，让对方惊叹的"哇哦"的点就出现了。如果对方表现出"哇哦"的反应，这时候就先暂停一下，追问对方感到钦佩的理由是什么。

　　那里可能就是藏着好剧本的地方。

让别人〝吐槽〞自己，
可让你有新的发现

呃，是吗?

有点不明白。

好处是什么?

真的吗?

被别人『吐槽』能有助于自己成长。

全是"吐槽大王"的演讲练习。

这个方法的好处是同时可以预见表达意见后可能出现的问题。
"吐槽"的一方某种程度上也能锻炼思考的能力，所以找个人
轮流扮演"吐槽别人的角色"来提高说话技巧吧。

STEP-❽
在名人美文中集中锻炼说话技巧

这是从某位指导老师那里学来的，他告诉我有一个短时间内提高说话技巧的训练方法。

它就是朗读。

看到这里，请不要认为朗读是小学生才会干的事。

老师刚教我的时候，我也想过这真是个无聊的方法啊，但是实际试了之后就发现，朗读真是练习如何停顿以及如何抑扬顿挫的最好方法了。

一般说一件事都要自己准备底稿，所以当说服别人不成功的时候，常常会区分不出到底是"底稿写得不好所以没讲清楚呢，还是说话技巧不高所以没讲清楚"。

针对这个问题，如果朗读的话一般都是读一流的名人写出来的文章，这样自然就可以全身心集中到说话技巧上来练习了。

我推荐朗读的书是松下幸之助的畅销书《开辟新道路》（PHP研究所）。打开书相对的两页刚好是一篇小文章，基本可以在90秒左右读完一篇。

可能的话，用铅笔标注上应该在哪里停顿，哪里是需要特别强调重读的部分，这样就更好了。

这样的情况下如果还是没能传达给听众，那就一定是说话技巧比较差了。

你可以选择自己一个人在屋子里练习，或者可以几个人进行朗读演讲比赛，也是很有趣的一件事吧。

在朗读中练习说话技巧

举办一个朗读比赛吧!

几个人在消遣的同时组织学习会也是不错的。

STEP-❾ 影子练习——向专业的人偷师讲话速度和停顿方式

影子练习是一种练习英语口语的方法。具体做法就是一边听英语的原声，一边几乎同时或稍微慢几秒后像影子似的模仿对方讲话。

这个方法对于练习在说话时如何停顿或讲话时如何抑扬顿挫也同样奏效。

首先在YouTube或其他网站上找一些自己想模仿的名人的视频。

之后，就开始像复制似的原汁原味地模仿对方，可以稍微比对方滞后一点。模仿的时候要特别留意对方一般会留出多长时间的停顿，对于音调的抑扬顿挫以及想强调的部分是如何表达的。

另外，既然都看视频了，那就顺便模仿一下他的动作呗！

一定会发现一种迄今为止自己从未尝试过的、全新的表达方式！

乔布斯

要不要模仿看看？

给大家介绍一个自己一个人也可以进行的练习分配视线的方法。

在便笺上画上不同的面孔，然后将其贴在墙上，准备五六张就够了。便笺上不能只画笑脸，还要画上"冷漠脸""困倦脸"以及"疑问脸"等不同的表情，还要画一张长着胡子的"社长脸"，重要的信息就对着这张便笺讲，是不是很好笑呢！

每张便笺之间留开间隔，贴在1.2～1.5米高的地方。最靠边的两张一定要离得够远，达到不使劲扭过脸就看不到的程度。

准备工作就是这些，之后就可以站到贴着便笺的墙前开始练习了。一边讲话，一边左右两侧不断调整自己的视线。

在便笺上画上不同的面孔
模拟真人，开始练习吧！

STEP-⑪
留意自己的嘴形

　　大家平时有留意过自己的嘴形吗？据说，当一个人既非兴奋，但也没有生气，情绪比较中立的时候，嘴形大多会呈现为比一字形嘴角稍微向下一点的和缓的"ヘ"字形。

　　请拿出镜子确认一下。自己在没什么特别的情绪和表情的时候嘴角是不是微微向下呢？让人没想到的是，这个和缓的ヘ字形嘴形有时会给人一种看起来不太高兴的感觉。

　　不知道大家是否有过类似这样的经历，莫名其妙地被人问"是不是生气了呢"，你满脸不解："啊？我并没有生气呀，为什么你会这么认为呢？"对方回答："哦，倒也没什么，就是有种感觉。"

　　如果你有过这样的经历，那就要注意了。也许在不知不觉中你已经沾染了"ヘ字形"嘴形的习惯。

　　那么，接下来请露出你的大白牙微微一笑。

　　说到笑脸一般总会想到露出白牙的样子，但是如果勉强去露牙不仅不自然，而且很累。其实最好的嘴形是嘴角微微上扬。

　　最近这样的嘴形好像被人们称为鸭子嘴，但我感觉其实更像海豚嘴。

　　所以我们的目标就是让自己保持一个可爱的海豚嘴形。

　　同时，上场时候的表情也非常重要。

　　如果要永远面带笑容，可能会有点困难，但至少可以保持嘴角微微上扬、微笑面对听众的表情。

嘴形也要留意哦！

平时本来是想呈现这样的表情的……

在别人看来却成了这个样子。原来实际呈现出来的表情会比自己想的要阴沉一些。

有意识地创造表情吧！

嘴角微微上扬是最合适的。

在演讲之外的其他场合也可以用到。

STEP-⑫
了解自己能做哪些表情

大家可以对着镜子做出各种各样的表情，试试看自己的脸上最多可以做出多少种。

首先睁大眼睛扬起眉毛，同时张大嘴巴。然后将眼睛眯成一条缝，紧闭双唇。

这样就可以清晰地看到自己表情的变化了吧。

接下来是微笑练习。当然，说话的时候能够保持自然微笑肯定是最好的，但实际的商务场合中，难免有笑不出来的时候。

这种时候，如果能事先知道自己努力挤出的笑容是否还算过得去就安心多了。

即便不是发自内心的笑容，但我也是你的朋友。为了能够让你的表情体现出"你确实在满怀诚意地说明"，就要不断活动自己脸上的肌肉，争取锻炼到能够立刻做出一个自己满意的表情的程度。

最后再确认一下你眼睛的"杀伤力"。

说到关键词时，抬高双眉，睁大眼睛。怎么样呢？看起来是不是很值得信赖呢？

提问的时候，眉毛微微上扬，歪着头，做出与大家一起思考的表情。

接下来，我们就开始练习吧，记得留意自己的表情哦！

掌握让自己表情丰富的技巧

自己的笑容大概能打几分呢?

这个方法虽然有点传统,不过演讲前在镜子前做个笑脸看看可能也不错。

感受一下自己目光的"杀伤力"。

当要强调"就是这里"的时候,试着抬高双眉睁大眼睛说话吧!

提出问题的时候,试着将眉毛微微撇成八字,歪着头,做出与大家一起思考的表情。

STEP-⓭
摘下声音的限制器

不习惯公开讲话的人大多都意识不到自己讲话的声音到底有多小。

平时练习的时候，即便你要求说"请发出比刚才讲话的声音高出三倍的声音"，很多人也只是提高了20%左右而已。

有时候虽然提了无数次建议"再大声点！再大声点"，但最终往往还是需要说"请用你能发出的最大的声音讲吧"，只有这样才能勉强发出让在场的所有人都能听到的比较合适的声音。

发出声音后，虽然说话者本人已经觉得在扯着嗓子讲了，但周围的人都会告诉你"挺好的""很容易听进去""很有活力"。也就是说，最终你的声音也就是合适的声音那么高的音量。

如上所述，讲话的时候除非自己特意去提高声音，否则永远都不够大声。

所以，我推荐大家在没什么人的早上或加班时间内，待在会议室里，用尽可能大的声音练习大声讲话。

也不需要练习太长时间，我们的目的是知道自己声音的界限。

在努力让自己不破音的前提下大声讲话，就可以知道自己能发出的最大声音有多大了。通过这样不断练习，自然而然就可以在真实的公开讲话中也大声讲话了。

只有特意去做才能讲话大声

好的，
那么，
现在开始！

　　长大之后，大声讲话的机会会变得极其之少。演讲不是对话，是一种发布内容的表现，所以最好要有让自己的声音传得更靠前、传得更远的气势。

STEP-⑭
与紧张和平相处

首先要知道的一件事是，**紧张并没有如自己想的那么容易被人看出来。**

很多人在看自己的讲话视频时都会发现，其实当时真的特别紧张，但是看视频中的样子，好像并没有自己想的那么明显。

这并不是只有你本人没看出来，其他听众的感觉也是"完全没看出来你在紧张"。

也就是说，**假设你实际的紧张感是100的话，听众能感觉到的你的紧张感最多也就30左右。**

缓和紧张的方法之一就是一遍遍在讲话的时候拍摄视频，了解自己在紧张状态下可以将个人的说话技巧提高到什么程度。

曾经看到某个职业棒球的主战投手这样说过："今天我状态不是很好，不过还是调整自己按照状态不好情况下的相应投法投了。"

同样的道理，说话者也要有这种与紧张和平相处的意识，努力做到在紧张的时候也能自信地说出"今天我很紧张，但还是在紧张状态下讲完了"。

另外还有一件事大家应该知道，那就是对于听众来说，只要不是紧张到对方已经听不清你在讲什么，**其实听众根本不在乎你到底紧不紧张。**

听众真正在意的是讲话的内容。有的时候，比起太过顺畅熟练的讲话，稍微有点紧张的讲话反而更容易让听众感受到说话者的认真和诚意。

重要的是将紧张转化为热情

超紧张！

所以，将这个想法转化为商品后的好处就是……

嗯嗯！

啊，完了，忘记说那一点！

然后呢？

多积累经验进行训练吧！

说明！
传达！
沟通！
表现！

目标是讲6次！

说话者应该在意的不是听众有没有发现自己的紧张，而是听众有没有感受到自己的热情和诚意。

STEP-⑮ 试着戴个假发吧——引出你内心的变身愿望

身边有没有人给你这样的感觉？曾经明明是个特别老实乖巧的人，最近不知道怎么突然变得异常开朗活跃。

另外，好多平时比较内向沉默的人，在家人或比较亲近的人面前就可以非常坦率直接地展示出自己真实的一面。

为了能在演讲中展示出自然真实的状态，就需要让说话者摘下这层"温顺的假面"。

因此，在这里为大家介绍一种为自己"剥去假面具"创造契机的练习方法。

那就是——戴着假发说话。

派对用品中心卖的那种超鲜艳的假发就不错吧！

练习的时候，也可以一并准备一面镜子。

戴上假发后，特别不可思议的是，它可以顺其自然地将人们内心深处的表演意识给带出来，让你表现出与平时完全不同的声音或表情。

在相机中录下来，后期看视频的时候可能会觉得特别不好意思，但同时也能体会到些许愉悦的心情。

戴着假发反复练习几次之后，慢慢就能不戴假发也可以清晰地表达了。

也就是说，这个方法就是先强行打破自己的外壳，之后得以大大方方地在众人面前演讲。

变成不一样的自己，
打破外壳创造良好效果

戴上"假发"，故意显示与平时不一样的自己

可能的话，再考虑一下说话者的角色名（比如"我是本杰明青山"），就可以实现更有趣的变身了。

这个方法主要是为了打破自己的外壳，同时还可以造就一个全新的自己，更能消除我们对于在公众面前讲话的抵抗感。

2 运用到时间较长的说服中吧

STEP-❶
一分钟说服将成为长时间说服的大纲

说服的长度虽然不一样，但讲话的大纲是相同的。

重要的是在保持"疑问"→"结论"→"理由"这样的基本走向的情况下，再对各个部分进行进一步的挖掘和扩展。

时间变长了，就控制不住要把想说的话都加进去，这样的结果就是听众头脑一片混乱，完全没法理解说服的内容。

牢牢记住一件事：即使说服时间有30分钟，但听众可以记住的重要信息（结论）只有一点。

实际情况下，虽说是30分钟的说服时间，但基本按照20分钟说明、10分钟疑问的时间比例来安排是最合适的。

这样下来，单纯说服部分的时间比例一般是5分钟用来提出疑问，5分钟留给结论，10分钟阐述理由。

将一分钟说服当作大纲，
时间长了照样可以用

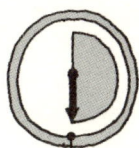

30

一分钟说服

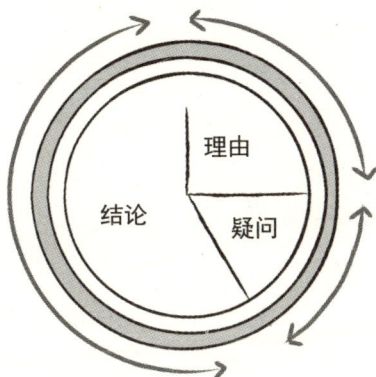

理由

结论

疑问

即使时间变长了，
思考方法还是一致的。

30分钟说服

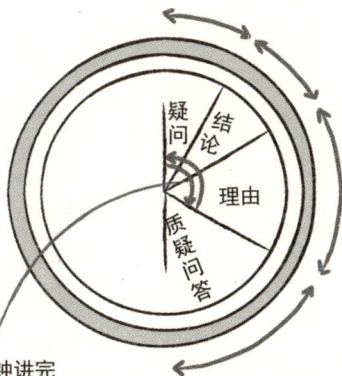

疑问

结论

理由

质疑问答

20分钟讲完

149 ▪ ▪ ▪

STEP-❷
30分钟也要做出内容丰富的说服

可能有人会觉得自己苦思冥想了好几个月的策划怎么可能在30分钟内讲完，但也肯定有人会认为一些电视节目让观众连续看30分钟还不腻烦真是太厉害了。

看电视的时候，看2～3分钟觉得无聊就可以马上换到另一个频道。但是说服别人的话，不到演讲结束很难中途离开席位。正因为这样，在说服中不让听众感觉到"无聊"或"听不懂"就显得尤为重要了。

但是说服也是一样，最初的3分钟决定着胜负。一旦在这最初的3分钟内感觉到困倦或厌烦，那对听众来说，这30分钟时间将会变得无比漫长。

所以，如果大家要做一个30分钟的讲话，就努力让这30分钟的时间像电视节目那样内容丰富、精彩纷呈吧。

准备讲话内容的时候要不断确认，至少也要在3分钟之内有一个关键点能引起大家的兴致。

电视节目的创意

30分钟也要凝神费心地准备哦!

STEP-❸
不可能比练习的时候讲得更短

演讲之前为了知道大概多长时间能讲完，一般都会事先计时练习讲几遍吧，不过大多数情况下练习的时候都会比规定时间超出10分钟左右。

如果练习的时候超过了规定时间，就一定要确认一下还有哪些没多大用处的句子并尽早将其去掉，务必保证在预定的时间内讲完。

反复练习几遍之后，无意义的句子逐渐都被减掉，讲话时间也就大大缩减了。

千万不要因为没有练习的时间，就想着正式讲话的时候稍微说得快一点应该差不多能讲完吧，或者现场随机应变一下把某几页内容快速跳过去节省时间，这绝对不是明智的做法。

正式讲话比练习的时候讲得更好，这种可能性几乎为零。

经常出现的案例是，听众稍微显示出一点困惑的表情，就会急急忙忙增加一些想都没想过的解释说明。这样一来，大部分的情况下都是不可能比预定时间提早结束的。

所以，牢牢记住讲话的时候一定要严格遵守时间。

务必严格遵守时间！

STEP-④
提前练习好"刚开始的5分钟"

对于一次说服别人来说，刚开始的5分钟是最重要的。

因此，一定要进行最初5分钟的练习。

大家如果去听别人的讲话，也会在讲话开始后的5分钟内判断提案内容的好坏吧！这个人啰啰唆唆讲得好长啊，或者这个人讲话一点都不带感情啊，等等，一旦直觉判断可能稍微有点无聊，之后不管怎样听起来都会比较敷衍。

也就是说，一定要在刚开始的5分钟内向听众展示出自己的热情和诚意，如果这5分钟内抓不住听众的心，中途开始再挽回就太难了。当看到听众一脸无聊的表情时，内心着实焦急，这时候想着赶紧挽回场面，突然情绪高涨，也会让人莫名感觉不自然。一开始栽了跟头，之后越是焦虑越容易徒劳一场。

除此之外，当讲话安排在一天的开始时，一定要提前做一下"发声练习"。

上午的时候突然大声说话会比较困难。特别是一大早的话，你一定会惊讶于自己的声音居然如此之小。

可能的话，最好早点去公司，在开着门的会议室或没有人的屋子反复练习一下刚开始5分钟的内容，特别推荐大家有意识地用抑扬顿挫的语调进行有感情的练习。

在卡拉OK唱歌的时候，作为开嗓练习的第一首歌，一般我们都会选择比较简单的歌曲来唱吧，自己的拿手曲目则一定要放到声音条件最好的时候。说服也是一样，正式说服的时候还是希望能用自己最好的声音去讲。

意识到"开始5分钟"的重要性，调整好声音和心理状态

啊～啊～

5分钟

5分钟
决胜负！

3 做一份好资料

STEP-❶
PPT中的"三大废柴资料"

如今，利用PPT进行说服别人虽然已经成为理所当然的一件事，但是能让人觉得"这份资料真简单易懂啊"的PPT还是很少吧。

接下来，我按照一直以来的经验，将不受人欢迎的PPT资料分成了三类，并将其命名为"三大废柴资料"。

其主要特征如下：

①让人眼花缭乱的资料

②内容盛放过多的资料

③过于让人惊讶的资料

为了避免做成上述这样的资料，应该怎么做才好呢？下一页开始将对此进行详细讲解，包括它们各自所存在的问题。

①让人眼花缭乱的资料

这种资料常常会让听众看不清楚说话者讲的内容对应的是资料的哪一部分。

当听众问："那个，您现在讲的是哪一部分呢？"

讲话者回答："啊，右上角的部分。不好意思，可能讲得有点跳跃……"

阅读资料的时候，最好让视线从左上角向右下角移动。

如果制作资料的时候没有考虑到说话内容的走向，就会出现"下面请看右下角的部分，接着是右上角，然后是左下角"这样的状况，导致听众的目光一直在到处乱窜，所以一定要注意避免出现这样的问题。

这个数字非常重要。

现在讲的是哪里呢？

②内容盛放过多的资料

"这个资料的文字可真小啊……放大镜，放大镜呢？"虽然不至于这样，但是我看过一些字体小小的、密密麻麻放了好多内容的资料。

作为说话者来说，可能会想"这个问题如果被听众提问了可能比较难回答，所以还是把这个数据也放进去吧"，"讲的问题可能涉及这方面的内容，暂且把这条信息也加进去吧"，按着这样的感觉，**就会把好多实际用不到的内容也都放进资料里了。**

然而，如果资料中出现一些完全跟说服无关的内容，就会让听众产生疑问："这条信息是什么呢？""有什么特别的意义呢？"

所以，一定要严谨选择添加在资料里的内容。

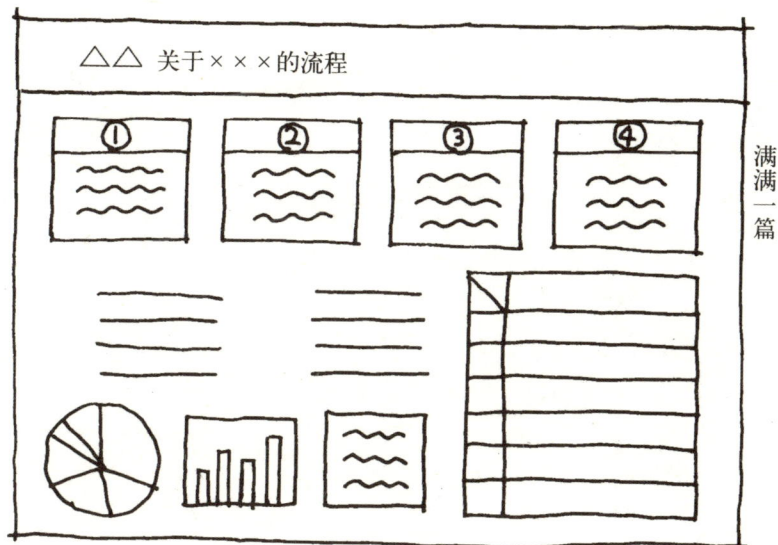

满满一篇

③过于让人惊讶的资料

艺术字体加斜体再加下画线，再配上三个惊叹符号，而且背景颜色和文字颜色还很像，根本看不出到底写了什么。有时候还多次使用动画，从右到下，甚至用螺旋形蹦出很多不同的文字。典型的全面运用PPT功能的资料，让人忍不住想问："到底想让人惊讶到什么程度？"

在如今这个时代，难道还有人会认为运用动画功能的讲话很厉害吗？

有这个时间，还不如好好优化一下PPT的内容呢。

惊叹号一页最多使用两次，一份资料里运用一种动画类型就可以了，等等，这样的张弛节奏是必备的。

过于讲究动画效果！！

STEP-②
资料从一分钟一页开始

这里我们稍微换一个角度，讲讲作为说服别人整体的资料制作。

比如，20分钟的说服，做多少页的PPT资料比较合适呢？

有重视设计的，有重视概念的，也有重视分析的，不同的类型可能有所不同，不过整体可以**按照一分钟一页PPT的量来考虑**。如果是5分钟时间就5页，若是20分钟就20页。这样的话，对听众来说，一分钟换一次画面也是比较容易接受的，不会产生厌烦情绪。

当然对于一些能快速说出节奏感良好的话语的人来说，他们可能会多加几页，但这种时候也不要忘记用审视的眼光确认一下"按照这样的节奏，听众能否准确把握说话的内容呢"。

另外，有时候虽然密密麻麻地写了好多文字，但是一页内容最多只有30秒的时间，这种时候**还是果断缩减文字比较好**。可能也有人会说演讲之后资料会发给对方阅读的，所以还是放进去比较好，但我认为给当时现场听演说的人施加压力是一种本末倒置的行为。相反，资料页数比一分钟一页还少的话，基本不会出现什么问题。

资料做得太多时，常常会觉得"好不容易做好了还是放进去吧"，这种不用就浪费了的精神开始发挥作用。

仅仅凭借资料的厚度来决胜负，并不能成就一次理想的说服。虽然有一些花了大把时间准备的内容，但是如果与正题没有关系的话，还是要果断地去掉。

合适的资料数量，
决定着说服的成功与否

如果打算做一个20分钟的说服

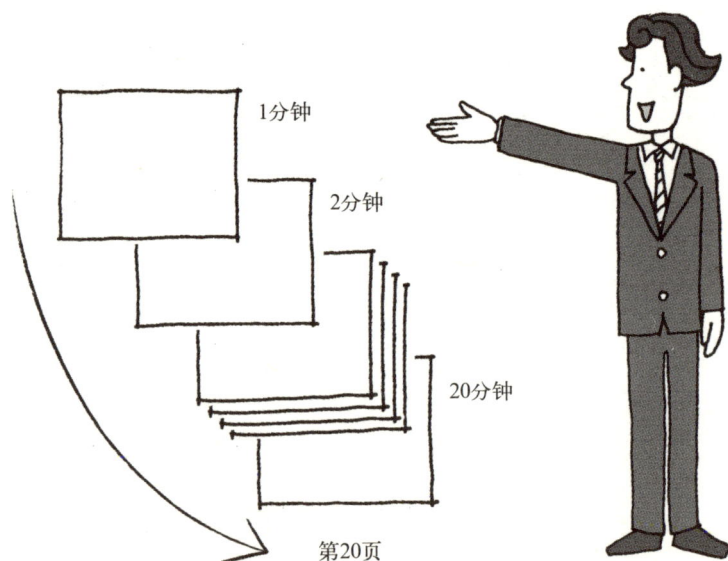

1分钟

2分钟

20分钟

第20页

一分钟一页内容是最有效的。

STEP-❸
一页资料与多页资料的基本流程

我们总认为资料的构成根据内容的不同而形形色色，但是如果形成了一个自己的资料构成理论的话，就不用每次烦恼怎么做了，可以按照基本的流程快速完成。

我推荐的模式之一是，**一页资料的话从上到下依次按照"标题""疑问""结论""理由"的顺序来写**。

多页资料的时候基本按照"封面""目录""疑问""结论""理由""总结"这样的顺序比较好吧。

每一项的页数虽然不能一概而论（除了封面之外），一般目录用1页，疑问部分3页，结论部分3页，理由之一4页，理由之二4页，理由之三4页，最后总结1页，这样就够20页了。

每一页分别定好以下内容的位置：

"标题"

"信息"

"图表空间"

"辅助信息"（如果需要的话）

也要统一"页码""公司名""版权"在每一页的位置。

资料制作也要有计划地进行

嗯嗯

标题
疑问（背景·课题·目的等）
结论（主张·特征·对应方法等）
理由（详细·具体实例·实际成效） 行动（具体行动·计划表）

封面	目录

疑问（背景·课题·目的等）	结论（主张·特征·对应方法等）	理由（详细·具体实例·实际成效等）

结语

STEP-④
用便笺绘制配图小剧本吧

制作资料的时候经常出现的一个失误是打开PPT从前到后一页一页非常认真地往下做，但其实这并不能称得上是一个有效的方法。

除非你脑海中想讲的内容已经非常明确，并且也已经定好了按照什么样的顺序讲，否则的话，最好不要立刻打开电脑，而是通过模拟式的方法进行思考，想好要讲什么，按照什么顺序讲，一边想一边修改，这样可能更好一些。

这时候可以用到的一个方法就是通过便笺制作资料的方法。

首先准备好一张大约5cm×7.5cm大小的便笺，将它当作一页PPT来考虑。这个尺寸的话，能写得下的内容量是有限的，刚好合适。

首先决定好与预定时间相匹配的PPT页数，然后思考每一页的标题和信息。一边确认整体的流程一边进行，与制作电影配图剧本的方法一样。将每张便笺当作一页PPT，写上每一页所需要的标题，然后在每一页上写一条自己想讲的内容，这就是你要传达给听众的信息。

将写上标题和信息的便笺参考剧本的流程按顺序摆在一张A3纸上。然后站在听众的立场上不断思考，一遍遍更换便笺的顺序，直到将讲话的流程彻底整理清楚。

在这样的状态下，讲给身边的人听，如果能够将说服的旨意完全传达清楚，达到这样的水平，说服的整体轮廓基本就完成了。

使用便笺打造说服的基础

①准备好便笺

7.5cm
5cm

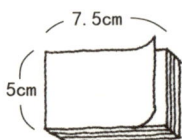

②每一条上写上"标题"和"信息"

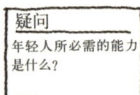

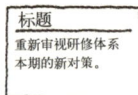

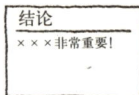

疑问	标题	结论
年轻人所必需的能力是什么？	重新审视研修体系本期的新对策。	×××非常重要！

③参考剧本的流程，将便笺摆在一张A3纸上进行整理

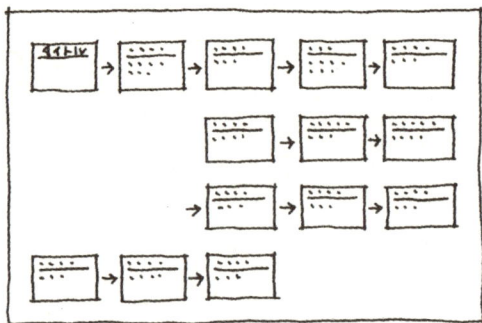

思考一下要用什么样的图或资料来体现自己想传达的概念以及用什么样的方式来表达。

用什么资料比较好呢？

应该按什么样的顺序讲呢？

当整体的走向和顺序渐渐明朗之后，就可以开始考虑每一页里可以用什么样的图形或参考资料来体现自己想传达的概念（可以思考通过什么样的表达方式能够让信息体现得更加直观等）。

这些内容将填在便笺下半部分空白的地方，这里介绍一种最近比较流行的图解思考法。根据永山嘉昭的《超简单图解术》（昂舍），大部分的图都可以按照三个基本规则来画，那就是"陈列""圈起来""连接"。换句话说，就是先把文字陈列在纸上，然后用圆形或正方形圈起来，最后用箭头连接，大致的图形就完成了。

接下来我们结合一个例子来看。

"商务人士所必需的能力是思考能力、人际交往能力以及专业知识。但是这些只有建立在具备正确的心态（对待工作的态度）之上才有意义。"

如果要表达这样的内容，应该用什么样的图形呢？

①在便笺中间从左到右依次写下"思考能力""人际交往能力"和"专业知识"，各个词之间稍微留一点间隔。

②将写下的三个词分别用圆圈圈起来。

③在三个圆圈下边写上"正确的心态"。

④将"正确的心态"用长方形圈起来。

⑤从圈着"正确的心态"的长方形上部分别向三个圆圈画上箭头。

这样就完成了。

按照这样的方法，先考虑应该在便笺上画什么图形，然后再将其移到PPT资料上。

商务人士所必需的能力是什么呢?

思考能力　　人际交往能力　　专业知识

从左到右依次写下

商务人士所必需的能力是什么呢?

（思考能力）　（人际交往能力）　专业知识

用圆圈围起来

商务人士所必需的能力是什么呢?

（思考能力）　（人际交往能力）　（专业知识）

正确的心态

这样就完成了一份带图的资料

关于文字的陈列，也是有一些小窍门的。
时间的话就从左到右。
老板讲的话就从上到下。
增长就从左下到右上。
在哪里摆放哪个文字就按照自己想象的样子
试试看吧。

STEP-❺
每一页中需注意的事项

封面是不是太过中规中矩了呢？

封面的标题最好不要太过中规中矩，尽可能在标题中体现出提案的主旨，而在副标题中让听众察觉出提案的主要内容。总而言之，封面要做得能够激发起人们想继续看里边内容的欲望。

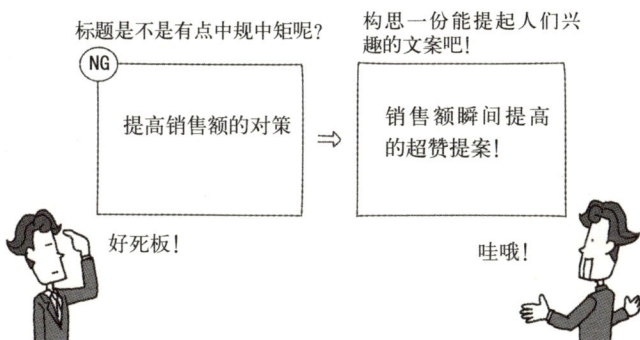

标题是不是有点中规中矩呢？　　　　构思一份能提起人们兴趣的文案吧！

NG

提高销售额的对策　　⇒　　销售额瞬间提高的超赞提案！

好死板！　　　　　　　　　　　　　哇哦！

目录能体现出说服的流程吗？

有的人会把所做的每一页PPT都放入目录中。如果做了30页的资料就得在目录中罗列30项，这样的目录其实是没有意义的。

目录最好按照3~5个分类归纳吧。

目录的制定也要确认！

目录
1.课题
2.提案
3.总结

各个图表中有多余的内容吗?

时刻留意一张图表中想表达的信息是否超过了两条。

有时候一开始本来打算传达一条信息,随着各种图和数据的加入,不知不觉中传达的信息就增多了。

一定要自始至终对自己的资料严格把关,防止信息过多。

一页图表表达一条信息

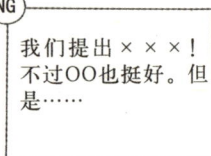

有两三条信息就
无法整合了。

总结的时候说什么能推动大家做出行动呢?

关于结尾的基本模式,大家可以记住下面这三种。

①再次让听众认识到为什么要选择你们公司;

②让听众深刻感受到你们希望与客户建立一种什么样的关系;

③具体说明你们第一步要采取的行动是什么。

STEP-❻
做一份简明易懂的资料

当资料的格局基本完成之后，就可以开始检查资料做得是否简明易懂了。常见的思路就是检查其是不是一份"不需要阅读，看一下就能明白"的资料。

做好的资料要细细检查。即使整体看起来比较模糊，但一定会有清晰映入你眼里的部分，这一部分是哪里呢？如果进入眼里的部分刚好是资料中最重要的部分，那就是OK的。有的时候，一些完全不重要的背景图案，或者不经意间放进去的插图太过于显眼了，反倒让一些体现重要信息或概念的图表不那么引人注目了。所以一定要注意避免这样的情况发生。

接下来我们就看一下，当需要将资料做得更加简明易懂时，应该从哪些方面来改进。

①关于字体

一般而言，一份资料用一种字体，最多不要超过两种。商务场合的资料基本都用黑体。

特别是一些年龄比较大的人，为了博得年轻人的喜欢，常常使用圆形字体系列中的POP字体，这样其实很容易引起逆反效果，所以还是尽量避免。

有人会用一些与严肃的内容不相匹配的字体。

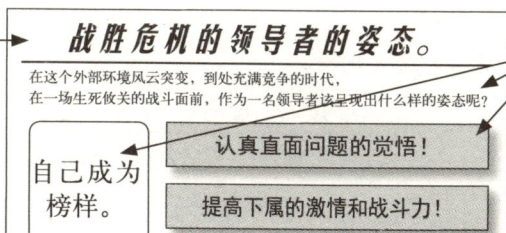

战胜危机的领导者的姿态。

在这个外部环境风云突变，到处充满竞争的时代，在一场生死攸关的战斗面前，作为一名领导者该呈现出什么样的姿态呢？

自己成为榜样。

认真直面问题的觉悟！

提高下属的激情和战斗力！

尽量不要使用多种字体。

②字体大小

用于投影和散发给听众的资料，其字体的大小是不同的。

在投影仪上使用时，要特别注意有时候下边的文字可能被前排的人挡住。需要特殊强调的文字一般都使用粗体，最好避免使用斜体，将文件中的一部分字体加大或标上不同颜色，效果也不错。

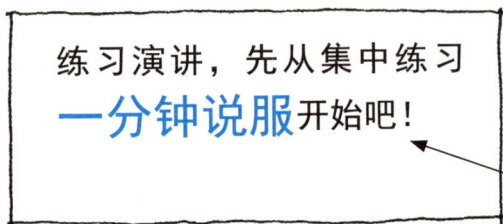

练习演讲，先从集中练习
一分钟说服开始吧！

部分字体加大，标上不同
的颜色，效果也很好。

③使用短句

一个横向的画面，一般可以放下18个40磅的文字或30个24磅的文字。一个句子最好能在一行内结束，这样看起来清爽惬意，再长也不要超过两行。

一般在15～20字换行是比较理想的，所以一个句子至多40个字。

但是也不要突然缩短句子，先把要说的话写下来，思考一下是否有一些可以省略的地方，然后慢慢简化，这样是比较好的做法。

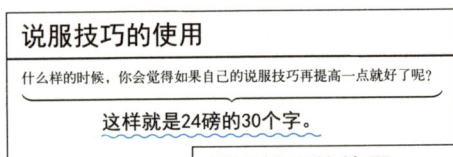

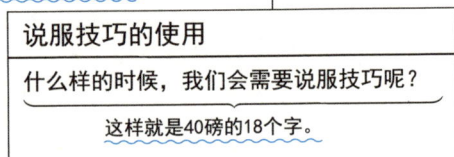

说服技巧的使用

什么样的时候，你会觉得如果自己的说服技巧再提高一点就好了呢？

这样就是24磅的30个字。

说服技巧的使用

什么样的时候，我们会需要说服技巧呢？

这样就是40磅的18个字。

④检查句子

首先检查一下句子的文体和风格是否一致。

如果是逐条罗列的时候，句尾用不用"。"要事先定好规则。

用词是否统一也要确认，有时候表达同样的意思在这一页里用的"管理"，下一页却用的"管控"，虽然意思差不多，但是用词不统一看起来也很别扭。

说服时讲话方式的注意事项：

①在会场中均衡分配视线。

②好好把握讲话的节奏。

③注意不要乱晃身体。

不要混用不同的文体！

⑤颜色搭配

确定好常用的颜色。同一份资料里出现两种细微之处不一样的红色会显得很丑。

如果能说明为什么选择这个颜色就更好了。

比如用红色表示"热情"，用蓝色表示"冷静"。

另外，如果是分发给客户的彩色印刷资料，也要注意客户之后黑白复印的时候会不会出现模糊不清的情况。

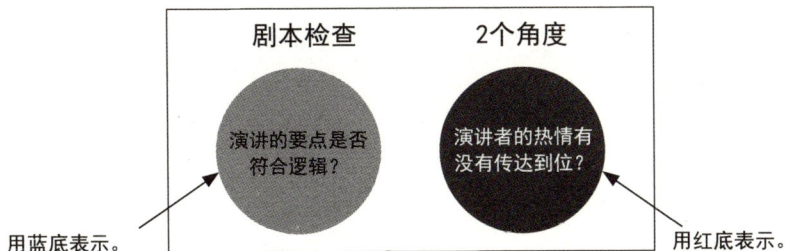

剧本检查	2个角度
演讲的要点是否符合逻辑？	演讲者的热情有没有传达到位？

用蓝底表示。　　　　　　　　　　　　　　用红底表示。

⑥线条和图形

图形和箭头的线条粗细及颜色也是有讲究的。

使用比较粗的线条或颜色浓烈的线条，会让人的注意力全部集中到那里，因此要注意检查线条的存在感是不是太过强烈。

图形也有不同的意义。非常精确的数据一般用四边形圈住，思想观念等一些柔和的概念一般用椭圆形圈住，实际使用的时候要意识到不同的图形所蕴含的这些细微差别。

最后还要检查图和文字是否相配，是否有出现偏差或图文不符的地方。

箭头也各种各样，有粗箭头，有细箭头，用的时候要把握好整体的平衡。

三角形箭头也是 OK 的！

分析结果等比较精确的数据用四边形圈起来。

概念等比较柔和的信息用椭圆形圈起来。

路标用菱形表示。

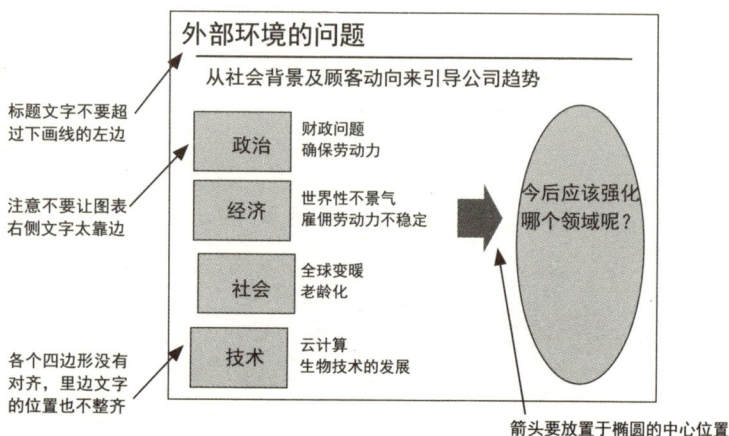

外部环境的问题

从社会背景及顾客动向来引导公司趋势

标题文字不要超过下画线的左边

注意不要让图表右侧文字太靠边

各个四边形没有对齐，里边文字的位置也不整齐

政治	财政问题 确保劳动力
经济	世界性不景气 雇佣劳动力不稳定
社会	全球变暖 老龄化
技术	云计算 生物技术的发展

今后应该强化哪个领域呢？

箭头要放置于椭圆的中心位置

STEP-❼
合理使用辅助工具

对PPT中各项辅助工具的使用也要多加注意。

在比较大的会场中演说时，有人会让同事帮忙放映PPT同时翻页，但常常会出现需要翻页的时候得提示一句"好了，下一页"，这其实并不是一个聪明的选择。偶尔一不小心还会出现翻页太早或翻页过多的情况，不得不再说一句"啊，不好意思，过了，麻烦再返回上一页"。这样一来，本来打算后边再讲的结论就被大家提前看到了，看的人也难免会有不好的感觉。

在使用带有翻页功能的激光笔时也需要注意。有时候常会看到有人一边看着激光笔一边自语"下一页是哪个按钮来着"，这也会让听众陷入一种尴尬的氛围。

即便是翻页的时候也应该对着听众而不是盯着画面，否则会让人不知道到底是面向谁的演说。

另外有时候半边脸都映在投影仪上了，自己也没在意，侧脸一直望向投影仪，屁股对着听众讲话。一只手控制着激光笔哗哗翻动说明资料，不时指出"请大家看这里"，这样的做法也很值得商榷。在一些情况下，可能会给听众留下非常不好的印象。

综上所述，一定要合理使用PPT的辅助工具，尽可能让听众专注于讲话的内容。

合理使用说服辅助工具

①不要让自己映在画面上。

②说话的时候看着听众的脸。

③熟练使用激光笔。

哪个是翻页来着?

看着这边嘛!

④操作幻灯片的动作要流畅。

啊，麻烦下一页！

啊，过了，麻烦返回上一页！

⑤不要一直转激光笔！

通过不断练习来熟练掌握工具的使用方法，记住尽量不要留给听众不愉快的感觉。

庭园办公室

● 仿佛自己真的要开始那样做了似的拼命准备，坚定地讲出来

H君（国誉家具株式会社空间利用方案本部）

如果一个人被委以关乎公司前程的大项目，他首先需要把握公司内部的一个演讲机会。

国誉在 2008 年曾挑战了一个主题为"做一个可以在外面办公的办公室"这样异想天开的大项目，当时担任项目负责人的H君，对于在持有各种各样意见的公司同事面前讲话的心得体会，他是这样讲的：

"为了能让提议通过，需要的并不是罗列出一个详细的方案，而是要考虑做这件事时最重要的问题是什么，想清楚问题的本质后为此而做出各种各样的准备，让听众听了之后能感受到你是发自内心地想做这件事。

"直到项目相关人员认为'细节方面先不说，确实应该交给这家伙'，在这之前公司内的压力大是理所当然的，讲话的时候也要怀有这样的觉悟。"

虽然一开始的方向就是着手于环保，想做出可以在外面工作的设施，但是对于"为什么需要在外面工作"这个问题，着实思考了好久。

最终想出的关键词就是"创造性工作方式的必要性"。

"工作并不是简单地处理业务，不断地思考，不断提出新的创意，这样的工作方式越来越受到人们的重视。于是他想到，在各种场合中最不容易获取灵感的地方可能就是办公室了。相反，走路的时候突然想到一个好主意，或者呆呆地望着外面的时候灵感突发，这样的事情却屡见不鲜。所以他就想到了，今后人们很需要一些'能让人想出新创意的场所'。"

一边说话一边在湖边走走。一些在会议室很难说出来的话，在一个

让人心情愉悦的开放的环境中，就可以打开心扉畅所欲言。于是他内心闪现出这样的灵感，想做一个"能让人打开心扉，彼此相通的场所"。

讲话的时候，他以此为中心，进行了**热情洋溢的阐述**。H君后来回顾的时候说"其实大家可能只理解了一半左右"，但最终方案还是能顺利通过的原因，他是这么讲的："可能还是因为不管怎样，**我自己是发自内心地坚信这个方案非常好，并且一遍又一遍持续不断地表明自己的观点吧**。"

经过几次讲话之后，不知道从哪个瞬间开始，项目相关人员的想法就变成了"H君是真心想做这个东西，那我应该怎么样协助他好呢"，不知不觉中他们的思路就改变了。

最终，这个项目开业展览的出席人员达12400人，各路媒体也纷纷前来采访，项目取得了前所未有的成功。庭园办公室直到现在都有好多前来膜拜的参观者和采访者，是国誉有名的标志性场所。

位于品川的国誉庭园办公室

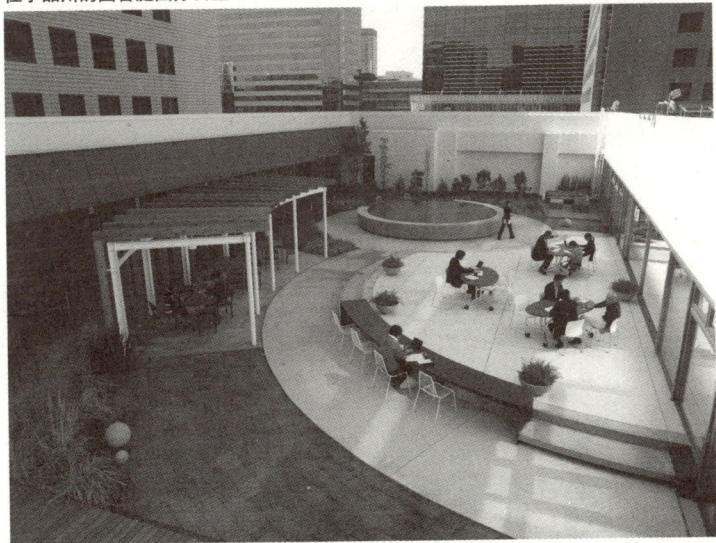

强项就是原创能力

●大家都称赞"反向透视图太牛了"

K 君（设计师）

作为办公室和室内空间设计师的 K 君有一门绝技，他可以站在客户面前轻松画出一幅"透视图（空间素描）"，让客户惊叹不已。

也就是说，**他能画出对自己来说是反向的空间缩略图。**

一般情况下，空间设计都是先听取客户的要求，之后返回公司利用电脑等工具做出 3D 透视图，然后再将其呈现给客户。但是这样的话，无论如何速度都比较慢，而且在做需求调查时单靠平面陈设图与双方的对话，常常会有讲不清楚的时候。

有时候即便跟客户提出建议说："要不要做成一个稍微高一点的玻璃板呢？"或者"如果这样的话，不如让这边有一些流水，做成瀑布那样的会更好一些"，但是客户很难从这些话语中想象出具体会变成什么样子。

这种时候，在客户面前摆一张纸，一边对着对方画出草图一边跟他讲"玻璃板的高度大概会有这么高"，或者"水会顺着这个柱子流下来，流到这里"，这样就可以给客户一个非常真实直观的印象。而且能够当场展示出自己个性而又出色的才能，让对方觉得你这个人很值得信赖。

开始画透视图后，客户表情马上就会不一样，刚开始可能只是一边心里佩服"真不错啊",一边简单看看,慢慢地气氛就会变得轻松愉快,对话也渐渐多了起来,最终让对方充满欣喜和感动。

在这样融洽的氛围中,谈话也顺利向前进行,差不多感觉草图已经得到对方的认可时,以一句"那正式的 3D 图我改天再拿给您"收尾,几乎 90% 都能达成和约。

画得真好啊!

太棒了!

后 记

　　一说到在一分钟内说服别人，很多人都会觉得不可思议，怀疑"那么短的时间内，能讲得清楚吗"？

　　然而，在一分钟内说服别人其实也是让人们努力做到有时间意识地去传达信息。

　　无论是对自己还是对听众来说，时间都是无比珍贵的。

　　一定要将其最大限度地有效利用，要怀着这样的意识去说服。当然，肯定也不能在讲话开始前迟到或结束后拖延时间。

　　有着这样态度的人，难道不会觉得他的讲话很值得信赖吗？

　　除此之外，由于工作关系我经常听别人各种各样的演说，听完之后感触比较深的一点是，说话者本人有没有真的认为这个做法在当时来说是最好的选择？

　　"我按照别人告诉我的原封不动地带来了。"

　　"只有这一个选择，您看怎么样呢？"

　　"请在这其中选一个吧！"

　　有时候竟然能听到不少类似这样的发言。如果是这样的讲话，即使再怎么按时完成，听众也不会被打动的。

　　我们试着问问自己。

　　"如果我站在对方的立场上，我会真的认为这个很好吗？"

　　如果你的回答不是"YES"，那你的说服中一定会藏着一些谎言或虚假的成分。

　　而不论你再怎么训练或磨炼自己的说服技巧，这样的谎言或虚假还是会被听众敏锐地察觉到的。

　　不要考虑"这样能卖得出去吗"，而是去考虑"这样能激发起听众购买的欲望吗"。

不要考虑"这样能讲得通吗"，而是去考虑"这样真的是有益于他人吗"。

讲话因为有时间的限制，总会有一些遗憾的地方，但是即便达不到自己认为"完美"的程度，只要完完全全站在听众的立场上去讲，就是最可贵的。

并且，怀着这样的想法做准备的人，其讲话不用过多说明，自然而然就能给听众以安心之感。

"如果是我站在对方的立场上，我会真心认为这是好的吗？"

一分钟说服也是同样，我希望大家能在充分意识到这一点的基础上再进行训练。如果这样的话，一定能把信息毫不费力地传达给听众。而且你的灵感和创意，也会有很大的可能取得成功。衷心希望大家不只是付出时间，更要做一场有灵魂的说服，为您的事业和人生开辟一条光明的道路。

下地宽也

距离上次讲话已经过了两周的时间，小林又得到了一次在董事会议上解说的机会。

在这两周的时间里，小林将策划方案的内容重新思考了无数次。

跟团队的成员也进行了多次讨论，终于将想要传达的信息完全弄清楚了！

今天讲话的顺序是13组中的第13位。

然而，预定时间本来应该是16点30分开始说服，现在已经过了一个小时，还是没轮到小林上场，看起来是前面组的讲话时间拖延了。

错失这次机会后，下期的团队构成也会发生变化，策划方案也至少得搁置一年。

而且，过了18点后，大森社长因为要赶下一个计划会提前离场。

时间过了17点50分后，经营策划部的野口部长满脸歉意地对小林说：

"不好意思，没时间了，实在抱歉。"

结果，小林是这样跟野口部长说的：

"能给我一分钟的时间吗？只要一分钟就够了，我可以在一分钟内讲完。"

"……好的，明白了，我问问社长。"

嗯，终于到了一决胜负的时候了。

我们等着你凯旋呢！

好，我会加油的！

插画：特别感谢国誉团队